GOLF TRAINER GUIDE

골프 트레이너 가이드

이준화, 박주형, 조승현, 백형진, 문기범, 차영랑, 차범걸, 유익선, 김성원 지음

잘못된 스윙 자세의 교정전략 프로그램

비거리 향상을 위한 7일간 트레이닝 프로그램

부상 예방을 위한 트레이닝 프로그램

골프 트레이너 가이드

초판 1쇄 발행 2020년 3월 23일
초판 1쇄 인쇄 2020년 3월 23일

지 은 이 : 이준화, 박주형, 조승현, 백형진, 문기범, 차영랑, 차범걸, 유익선, 김성원
펴 낸 이 : 김보성
모 델 : 이제훈
디 자 인 : 최영재

펴 낸 곳 : 예방의학사
전   화 : 010-4439-3169
이 메 일 : perhabex@naver.com

인쇄/편집 : 금강기획인쇄(02-2266-6750)

가   격 : 20,000원
I S B N : 979-11-89807-25-2

※ 저자와의 협의에 의해 인지를 생략합니다.
※ 이 책은 저작권법에 의해 보호를 받는 저작물이므로 동영상 제작 및 무단전제와 복제를 금합니다.
※ 잘못된 책은 구입하신 서점에서 교환해 드립니다.

이 도서의 국립중앙도서관 출판예정도서목록(CIP)은 서지정보유통지원시스템 홈페이지(http://seoji.nl.go.kr)와 국가자료종합목록 구축시스템(http://kolis-net.nl.go.kr)에서 이용하실 수 있습니다. (CIP제어번호 : CIP2020011182)

대표저자

이준화(대표저자)

(주)BM 교육이사
국민대학교 평생교육원 재활필라테스&요가 외래교수
KBS스포츠예술과학원 외래교수
'골프 트레이너 가이드' 대표저자
'Anatomy of Golf' 대표역자
'MPS 근육학 쉽게 이해하기' 공동저자 외 다수 공저
'오버커밍 그라비티' 공동번역 외 다수 공역

공동저자

박주형

(주)BM 대표이사
서울시립대학교 스포츠과학과 외래교수
경희대학교 체육대학원 스포츠의학 박사과정

조승현

PALMER College of Chiropractic 졸업
(주)휴먼워커스 Doc.flex 연구이사 및 선임강사
팔머메디스포츠&필라테스 대표

백형진

대한예방운동협회 협회장
국민대학교 평생교육원 및 KBS스포츠예술과학원
재활스포츠 지도교수
한양대학교 미래인재교육원 겸임교수

문기범

경희대학교 스포츠의과학 박사수료
lpga 김세영프로 전담 트레이너
PIT IN BODY 골프선수 트레이닝센터 운영

차영랑

휴펫필라테스&PT 대표
'선수트레이너의 모든 것' 공동저자
상주시청 사이클팀 및 WKBL 유소녀농구팀
의무트레이너

차범걸

비엠필라테스 부산센텀점 대표
'선수트레이너가 알아야 할 모든 것' 공동저자
부산시체육회 역도팀 의무트레이너

유익선

한국체육대학교 스포츠재활 석사과정
비엠필라테스 여의도점 지점장
'트레이너가 알아야 할 101가지' 공동저자 외 다수

김성원

비엠필라테스 삼송점 대표
'소방관을 위한 셀프 통증관리법' 공동저자 외 다수
'오버커밍 그라비티' 공동역자

저자서문

골프를 잘 수행하기 위해서 근력, 근 지구력, 밸런스 능력, 근육의 협응 능력, 체력, 스윙시 타이밍이 필요하다. 이러한 능력은 골프를 오래 한다고 해서 생기는 것이 아니다. 물론 경험이 중요하지 않다는 말은 아니다. 골프를 더 잘하기 위해서 수십만 원 혹은 수백만 원을 골프 드라이버를 사는데 비용을 지불하고, 더 좋은 프로에게 배우기 위해 그만큼의 비용을 지불하는데 아깝지 않다고 생각한다. 또한 더 좋은 필드에서 게임을 하기를 원하며 새로운 골프 공으로 더 멀리 보내기를 원한다. 그러나 아쉽게도 대부분의 골퍼들은 게임을 더 잘하기 위해 제일 중요한 몸을 만드는 데는 비용을 쓰는 것을 아깝게 생각하거나 무시하는 경우가 있다. 좋은 클럽을 사는데 수백만 원의 비용을 쓰면서 내 몸의 컨디셔닝을 조절하기 위해 비용을 아낀다는 것은 모순일 것이다.

많은 사람들은 골프 레슨으로 기술을 배우는데 많은 시간을 투자한다. 그립을 어떻게 잡아야 하고 어드레스 시 팔의 동작, 백스윙에서 샷의 시점이나 샤프트의 정렬 등을 가르친다.

골프 컨디셔닝은 그러한 기술적 동작을 더 잘 사용할 수 있도록 하는데 도움이 된다. 스윙에서 흔들림 없이 일정한 샷을 만들고 정확한 타이밍, 임팩트 순간의 파워 등을 최고의 수준으로 만드는데 있어 몸이 그러한 기능을 담당한다는 것과 경험과 몸에 밴 습관이 아닌 훌륭한 내 몸의 컨디셔닝이 담당한다.

골프 컨디셔닝 프로그램은 적절하고 정확한 동작을 통해서 몸의 균형을 바로잡고 골프를 하는데 있어 적절한 스윙 축을 형성하며 스윙 시의 생체 역학적 힘을 하체에 적절하게 분산하여 전달하도록 몸을 만드는 것이다. 프로 골퍼 낸시 로페즈는 "골프 컨디셔닝 프로그램을 통해서 더 좋은 골프 게임을 할 수 있다"고 한 것과 같이 많은 프로 선수들도 그들의 선수 생활의 롱런을 위해서는 골프 컨디셔닝 프로그램이 도움이 된다는 것을 알고 있다. 타이거 우즈는 골프 스윙에 대해서는 공개를 하지만 골프 트레이닝 방법은 공개를 하지 않기로 유명하다. 또한 소렌스탐은 현역 시절 트레이닝의 강도가 상당한 수준이라는 것은 잘 알려진 사실이다.

이와 같이 골프 컨디셔닝이 이미 프로 골퍼에게는 보편화되었는데 골프를 치는 수많은 사람들이 아직 컨디셔닝에 대한 중요성을 인지하지 못한다는 것이 아쉬울 따름이다. 컨디셔닝의 중요성을 알고 있는 많은 프로 골퍼들은 그들의 신체를 최상의 상태로 유지하고자 노력한다. 프로라서 당연한 것으로 생각할 수도 있지만, 신체 분석적으로 봤을 때 그들의 스윙 메커니즘은 일반인보다 훨씬 더 부드럽고 일관성이 있으며 이미 더 멀리 공을 보내고 있다.

골프도 분명히 스포츠다. 스포츠를 더 잘하기 위해선 적절한 트레이닝과 몸의 컨디셔닝이 수반되어야 한다.

Contents

저자서문 / 5

들어가기전에 / 8

1. 골프 동작 시 사용되는 근육들
- 백스윙(Back Swing)
- 다운 스윙(Down Swing)
- 팔로우 스윙(follow Swing)

2. 골프의 12가지 자세 오류의 교정 전략 / 9
- 허리 구부러진 자세
- 굽은 등 자세
- 몸통 들린 자세
- 일자 어깨 자세
- 빠른 스윙 자세
- 과도하게 어깨에 힘 준 자세
- 체중이 밀린 자세
- 하체의 과도한 이동 자세
- 상체가 밖으로 밀린 자세
- 하체를 밀어내지 못하는 자세
- 낚시 스윙 자세
- 팔꿈치가 꺾인 자세

3. 안정된 스윙을 위한 밸런스 / 58
- 7 DAY STABILITY TRAINING PLAN
  (7일 안정성 트레이닝 프로그램)

4. 스윙의 안정성을 극대화 시킬 수 있는 움직임 / 80
   – 7 DAY MOBILITY TRAINING PLAN
   (7일 가동성 트레이닝 프로그램)

5. 폭발적인 비거리 향상을 위한 근력 트레이닝 / 100
   – 7 DAY POWER WEIGHT TRAINING PLAN
   (7일 웨이트 트레이닝 프로그램)

6. 골프 부상 전략 트레이닝 / 124
   – INJURY CONDITIONING TRAINING
   (부위별 예방 트레이닝 프로그램)

들어가기 전에 ◀◀◀

골프 트레이닝에 관련해서 한 가지 이론을 소개하려고 한다. '근육 길이 이론'은 우리 몸의 통증과 불균형에 대해서 잘 설명되어질 수 있다.

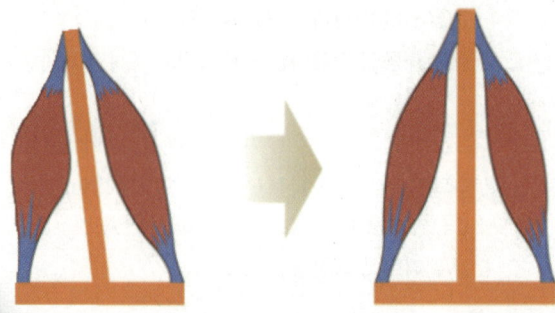

'우리의 근육들은 정상일까?'

현대인들은 좌식생활이 늘어나 앉아있는 시간이 증가해 활동량이 줄고, 잘못된 생활 습관으로 인하여 체형의 불균형을 갖고 있다. 이로 인해 우리 몸은 제 역할을 하지 못해 보상으로 원래 쓰지 않아도 될 근육들을 사용해 뼈를 팽팽하게 당겨 짧아져 있는 상태를 유지하고, 그와 반대되는 근육은 느슨한 상태로 늘어지게 만든다. 결국 이렇게 된다면 뼈의 모양은 변형이 생겨 체형의 변형이 생기게 되고, 통증 또한 야기할 수 있다. 이처럼 잘못된 자세로 운동을 한다면 근육의 불균형은 더 심화되고, 통증은 더 심해질 것이다. 이를 해결 하기 위해선 강하게 당기고 있는 근육은 풀어주고, 약해진 근육들은 강화를 시켜주므로써 근육의 불균형을 바로 잡아야 한다. 이 책 첫장에서는 12가지의 오류를 범하게 되는 골프 자세를 설명하고, 문제가 되는 부위에 근육을 이완시켜주는 방법과 스트레칭 방법을 설명하였고, 나머지 장부터는 문제가 되는 부위에 해결을 했다면, 실질적인 골프의 수행능력을 높이기 위해 트레이닝 시켜야할 운동 플랜들을 적어놓았다. 스윙의 폼은 변할 수 있다. 이제 방법을 알았다면 꼭 실천하길 바란다.

SELF MASSAGE & STRETCHING
12가지 오류 자세와 교정 전략

요약 가이드

골프에 자세에서 12가지 오류자세에 대한 분석 및 교정 전략에 대한 셀프 마사지 방법과 셀프 스트레칭 방법에 대해 설명해놓았다. 근육을 사용할 수 있는 환경을 만들어 줘야 우리는 그 근육을 제대로 사용하여 자세를 만들 수 있다.

골프 12가지 오류 자세 교정 전략

1. 허리 구부러진 자세
2. 굽은 등 자세
3. 몸통 들린 자세
4. 일자 어깨 자세
5. 빠른 스윙 자세
6. 과도하게 어깨에 힘 준 자세
7. 체중이 밀린 자세
8. 하체의 과도한 이동 자세
9. 상체가 밖으로 밀린 자세
10. 하체를 밀어내지 못하는 자세
11. 낚시 스윙 자세
12. 팔꿈치가 꺾인 자세

참고 사항
- 1 set 20~30초 반복
- 총 3 set 진행

골프 12가지 자세 교정 전략 ◀◀◀

1 허리 구부러진 자세

골프 12가지 자세 교정 전략 ◀◀◀
1 ▶ 허리 구부러진 자세

	잘못된 동작
사진	
상태	허리가 과도하게 신전되어 허리의 통증 호소
원인	고관절 굴곡근들의 제한 약한 코어 근육과 엉덩이 근육 햄스트링 근육들의 제한
해결방안	〈이완 부위〉 고관절 굴곡근 햄스트링 근육군들 척추기립근	〈강화 부위〉 코어근육 강화 대둔근 강화

골프 12가지 자세 교정 전략 ◀◀◀

1 ▶ 허리 구부러진 자세

고관절을 굴곡하는 근육(대퇴직근) 셀프 마사지

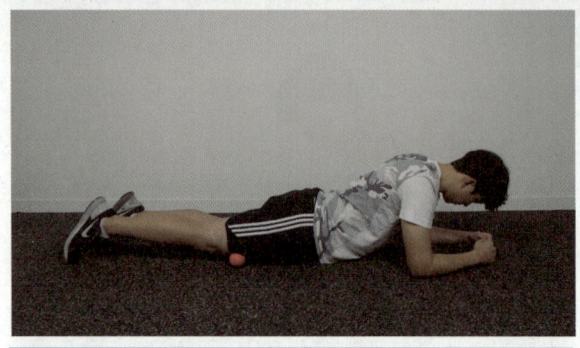
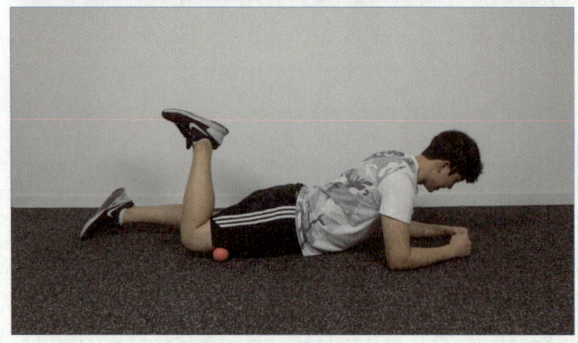
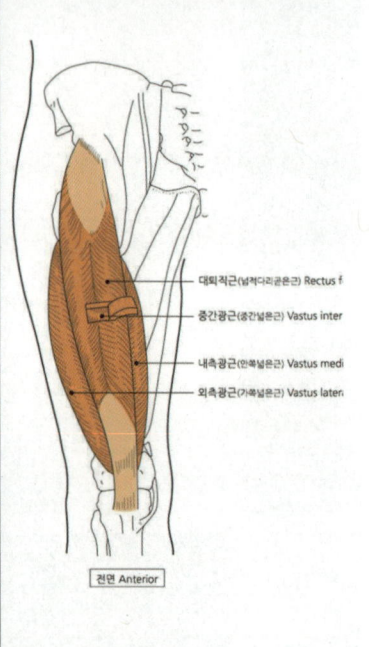

1. 허벅지를 마사지볼 위에 놓고 팔꿈치로 땅을 고정한다.
2. 팔꿈치를 고정한 상태로 허벅지를 위, 아래 움직여준다.
3. 이때 20~30초 유지해주시고 3번 반복한다.

고관절을 굴곡하는 근육(대퇴직근) 스트레칭

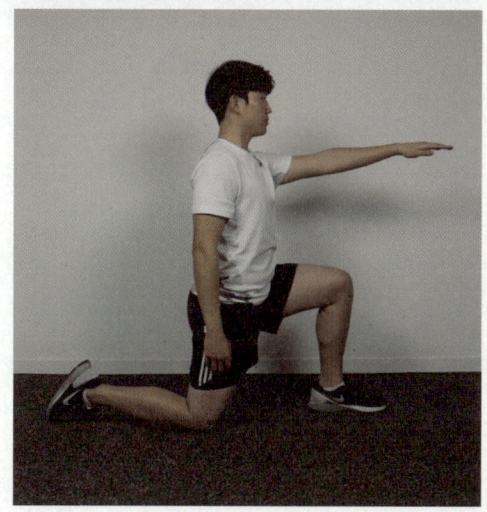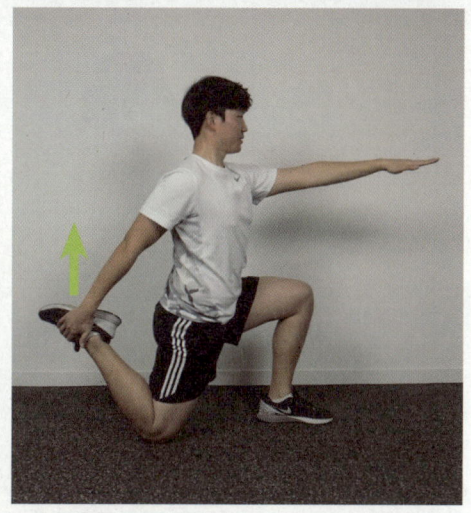

1. 무릎을 땅에 대고 한발은 앞으로 내밀어준다.
2. 한 손은 앞으로 내밀고, 한 손은 뒤쪽 발을 잡고 당겨 준다.
3. 시간은 20 ~ 30초 유지한다.

골프 12가지 자세 교정 전략

2 굽은 등 자세

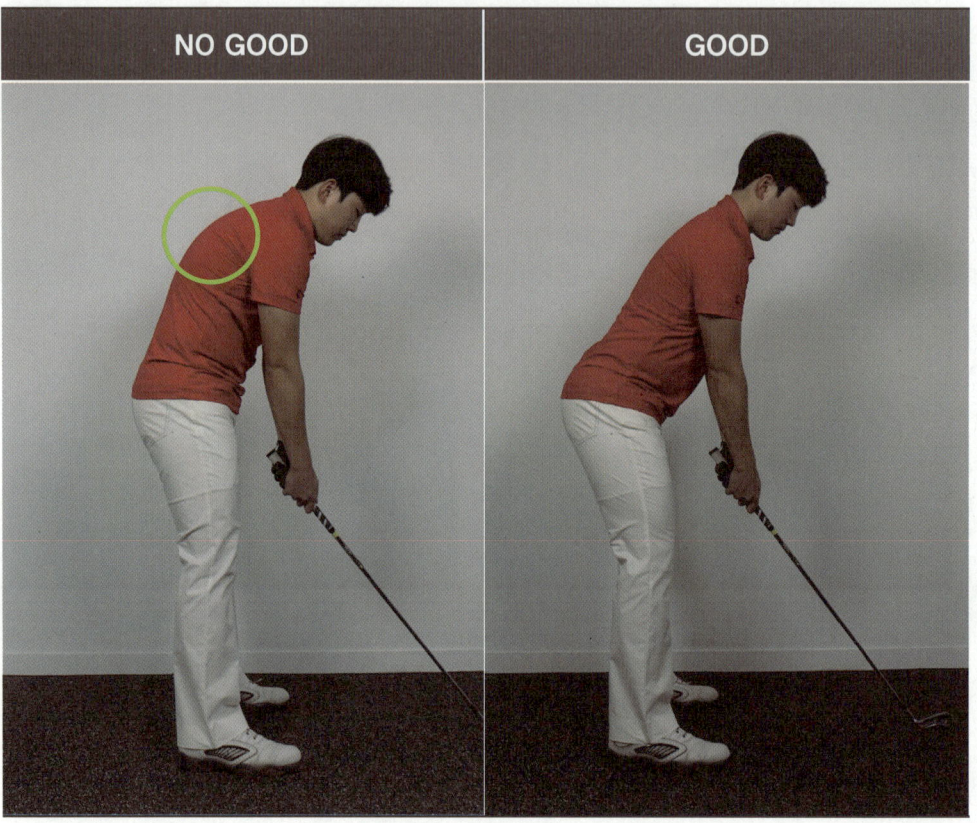

골프 12가지 자세 교정 전략 ◀◀◀

2 ▶ 굽은 등 자세

	잘못된 동작
사진	
상태	어깨가 앞쪽으로 구부러져 있고 목부터 꼬리뼈까지 동그랗게 만곡이 생김
원인	과도한 등굽음 어깨의 라운드 과도한 목의 전방이동
해결방안	〈이완 부위〉 대흉근과 소흉근 상부승모근과 견갑거근 목의 신전근과 흉쇄유돌근	〈강화 부위〉 흉추의 신전 모빌리티 중/하부승모근과 능형근 강화 목 심부굴곡근 강화

골프 12가지 자세 교정 전략

2 ▶ 굽은 등 자세

가슴 근육(대/소흉근) 셀프 마사지

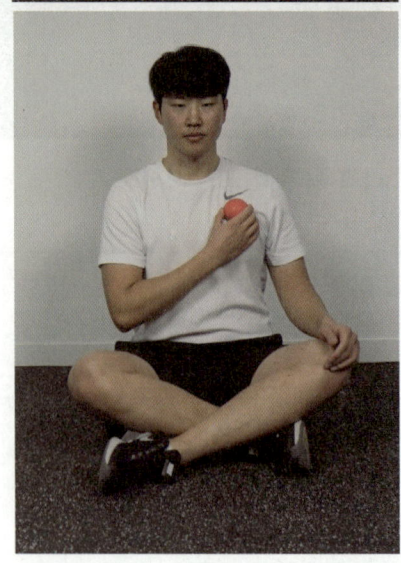

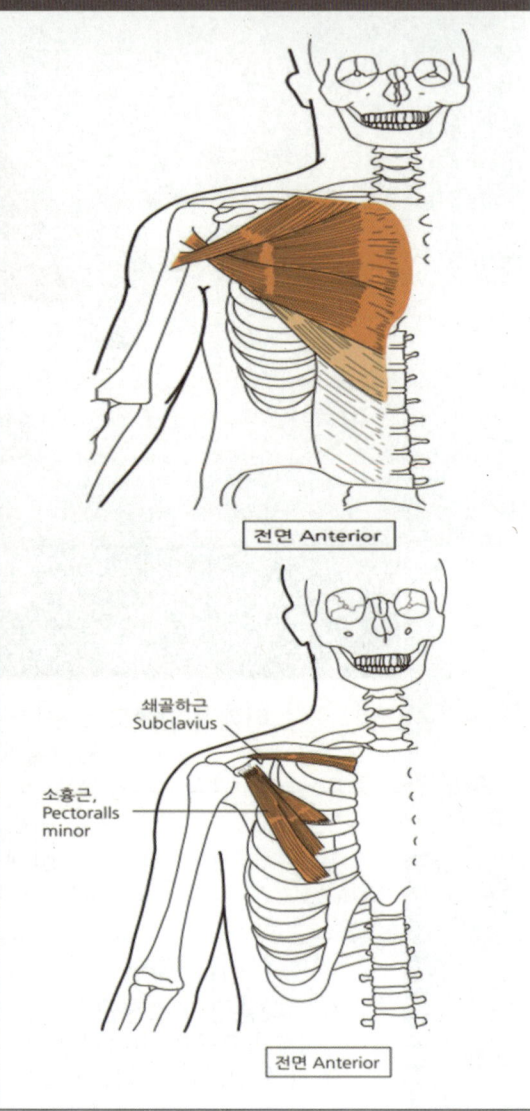

1. 가슴 위에 마사지볼을 올려 놓는다.
2. 손바닥으로 공을 가슴 부위전체를 돌려준다.
3. 시간은 20~30초 3번 반복한다.

골프 12가지 자세 교정 전략 ◀◀◀
2 ▶ 굽은 등 자세

가슴 근육(대/소흉근) 스트레칭

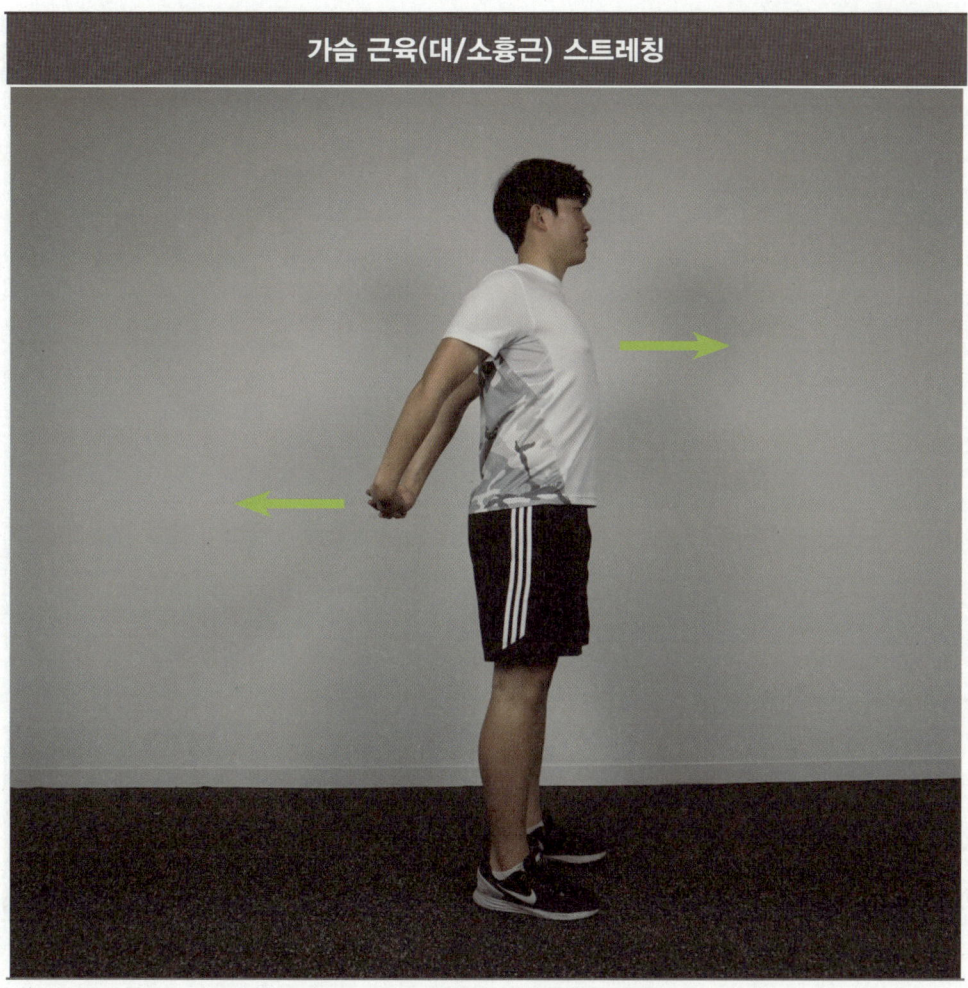

1. 양손을 깍지를 끼고 뒤로 젖혀준다.
2. 양발로 지면을 잘 지지한체, 가슴을 앞으로 내밀어준다.
3. 이때 허리가 과도하게 꺾이지 않게 주의한다.
4. 시간은 20~30초 사이로 계속 유지한다.

골프 12가지 자세 교정 전략 ◀◀◀

3 몸통 들린 자세

골프 12가지 자세 교정 전략 ◀◀◀

3 ▶ 몸통 들린 자세

	잘못된 동작
사진	
상태	골프 스윙을 하는 도중에 어드레스에서 시작한 원래의 자세에서 상체의 각도가 바뀜.
원인	척추의 가동범위 제한과 광배근의 단축 코어근육의 약화로 인한 상체들림 어깨 가동성 제한
해결방안	〈이완 부위〉 광배든 척추기립근 어깨 외회전근 고관절 굴곡근	〈강화 부위〉 코어근육 강화 회전근개 강화 흉추 모빌리티

골프 12가지 자세 교정 전략 ◀◀◀

3 ▶ 몸통 들린 자세

광배근 셀프 마사지

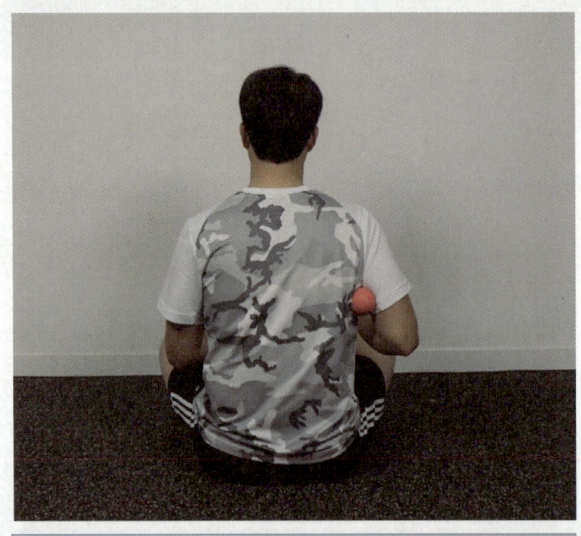

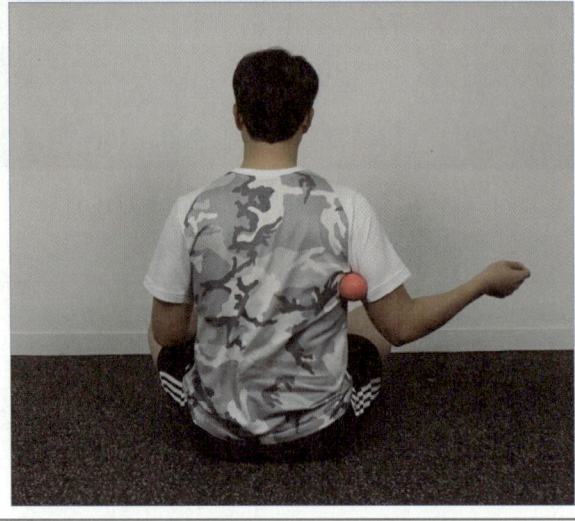

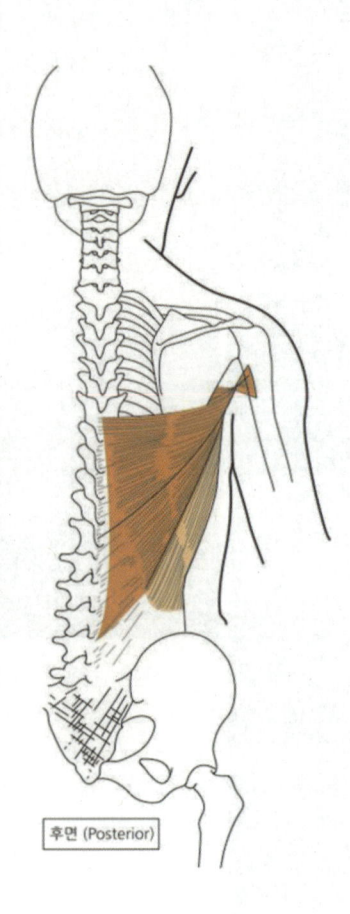

후면 (Posterior)

1. 팔을 90도로 만들어 주고 겨드랑이 약간 아래쪽에 마사지볼을 놓는다.
2. 마사지볼이 떨어지지 않게 잘 고정하고, 팔꿈치는 고정한 체 팔을 벌린다.
3. 20~30초 반복 후 양쪽 번갈아가면서 4번 정도 시행한다.

골프 12가지 자세 교정 전략 ◀◀◀
3 ▶ 몸통 들린 자세

광배근 셀프 스트레칭

1. 폼롤러 위에 양손을 올려놓고 무릎을 꿇는다.
2. 폼롤러를 위, 아래 왕복하고, 마지막 부분에서만 10초 정도 유지한다.
3. 위, 아래 3번 반복한다.

골프 12가지 자세 교정 전략 ◀◀◀

4 일자 어깨 자세

골프 12가지 자세 교정 전략 ◀◀◀

4 ▶ 일자 어깨 자세

	잘못된 동작	
사진		
상태	백스윙시 클럽이 위치를 벗어나 스윙면이 변경되고 다운 스윙 때 처음의 척추각이 변경되어 양 어깨가 일자가 된다.	
원인	흉추 가동성의 제한 어깨 가동성 제한 고관절 굴곡의 제한	
해결방안	〈이완 부위〉 광배근 고관절 굴곡근 어깨 외회전근	〈강화 부위〉 어깨 모빌리티 흉추 모빌리티

골프 12가지 자세 교정 전략 ◀◀◀

4 ▶ 일자 어깨 자세

고관절을 굴곡 시키는 근육(장요근) 셀프 마사지

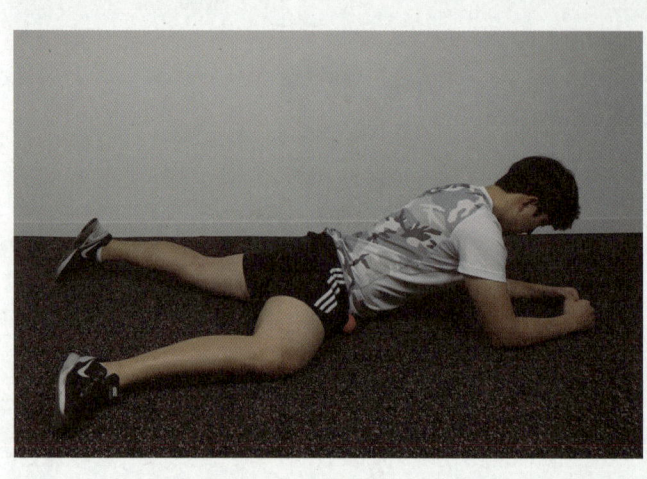 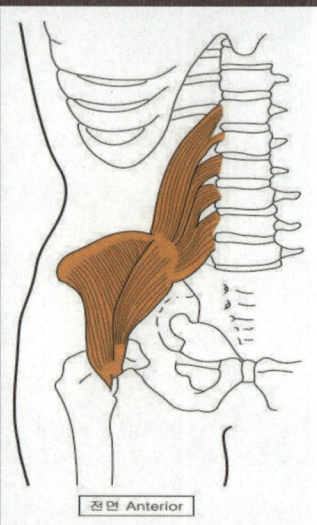

전면 Anterior

1. 배꼽 옆 3~4cm 옆 쪽에 마사지볼을 올려 놓는다.
2. 팔로 상체를 들어 고정하고, 가볍게 압력을 가한다.
3. 시간은 20 ~ 30초 정도로 압력을 가하고 유지한다.

고관절을 굴곡 시키는 근육(장요근) 스트레칭

 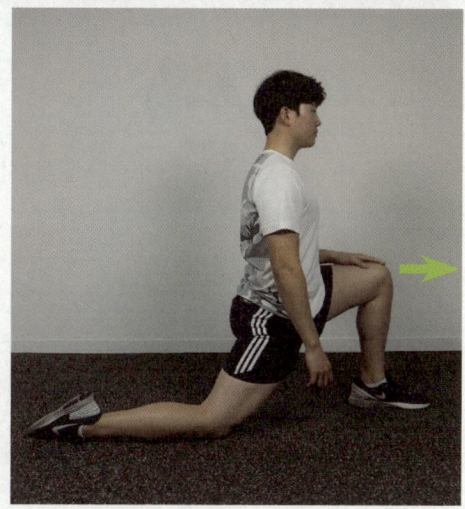

1. 무릎을 땅에 대고 한발은 앞으로 내밀어준다.
2. 한 손은 앞으로 내밀고, 한 손은 뒤쪽 발을 잡고 당겨 준다.
3. 시간은 20 ~ 30초 유지한다.

골프 12가지 자세 교정 전략 ◀◀◀

5 빠른 스윙 자세

골프 12가지 자세 교정 전략 ◀◀◀

5 ▶ 빠른 스윙 자세

	잘못된 동작
사진	
상태	다운스윙에서 고관절과 척추가 너무 일찍펴지거나 일찍일어나짐.
원인	고관절 외회전의 제한 고관절 가동성 제한
해결방안	〈이완 부위〉 고관절 내회전근 광배근	〈강화 부위〉 코어근육 강화 대둔근, 중둔근 강화

골프 12가지 자세 교정 전략 ◀◀◀

5 ▶ 빠른 스윙 자세

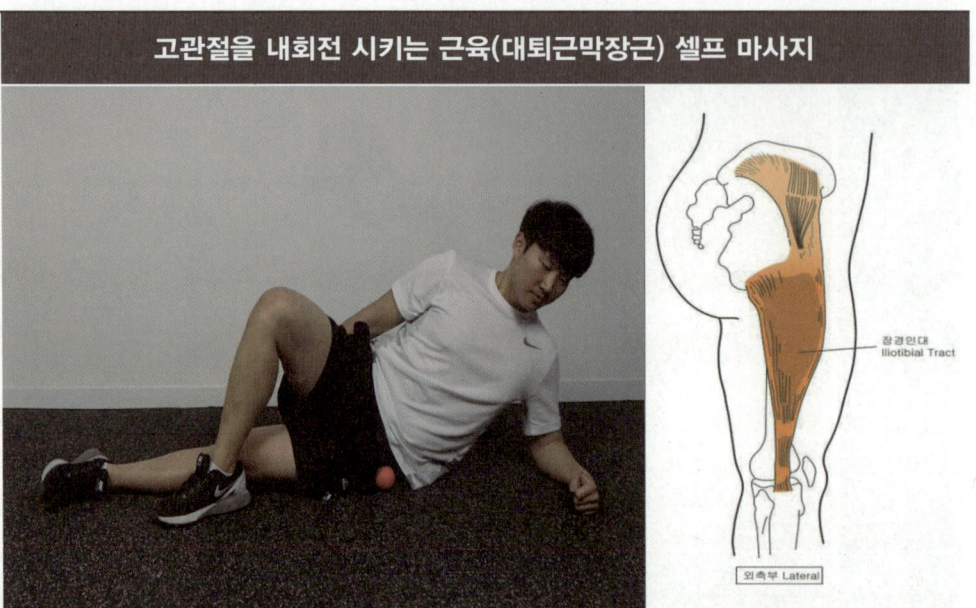

고관절을 내회전 시키는 근육(대퇴근막장근) 셀프 마사지

1. 등 위에 마사지볼을 올려 놓는다.
2. 그림과 같이 허리는 바닥에 내려놓고 두 손을 앞으로 뻗어준다.
3. 마사지볼에 등을 붙인 상태로 양 손을 번갈아가면서 움직인다.
4. 시간은 20~30초 3번 반복한다.

고관절을 내회전 시키는 근육(대퇴근막장근) 스트레칭

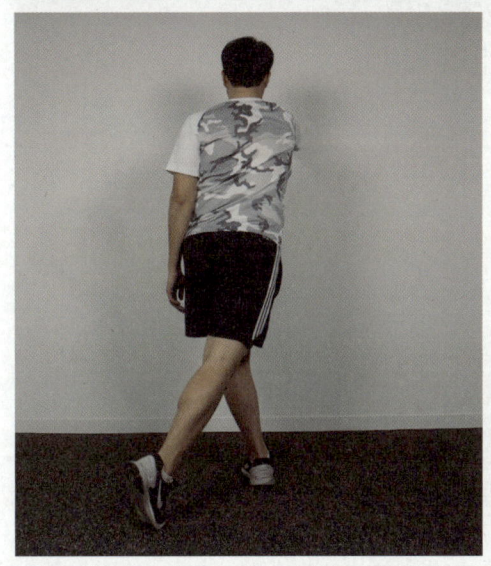 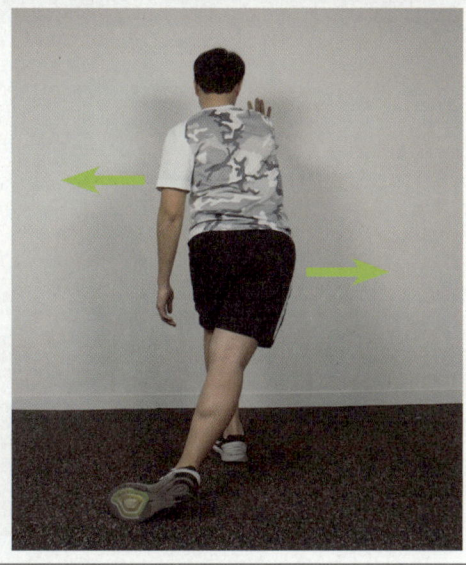

1. 스트레칭을 하려는 방향의 다리를 뒤로 놓는다.
2. 뒤쪽 다리 방향의 엉덩이를 바닥으로 밀어준다.
3. 이때 어깨에 힘이 들어가지않도록 주의한다.
4. 20 ~ 30초 씩 유지해주고 3번 반복한다.

골프 12가지 자세 교정 전략 ◀◀◀

6 과도하게 어깨에 힘 준 자세

골프 12가지 자세 교정 전략 ◀◀◀
6 ▶ 과도하게 어깨에 힘 준 자세

	잘못된 동작
사진	
상태	다운 스윙시 과도한 상체의 힘 사용
원인	몸통의 안정성의 제한 상하체 밸런스 제한 과도한 손목의 힘
해결방안	〈이완 부위〉　　　　　　　〈강화 부위〉 능형근　　　　　　　코어근육 강화 (상) 승모근　　　　(중/하부) 승모근 강화 목의 신전근, 흉쇄유돌근　　목의 심부 굴곡근

골프 12가지 자세 교정 전략　**31**

골프 12가지 자세 교정 전략 ◀◀◀

6 ▶ 과도하게 어깨에 힘 준 자세

어깨를 올림 시키는 근육(능형근) 셀프 마사지

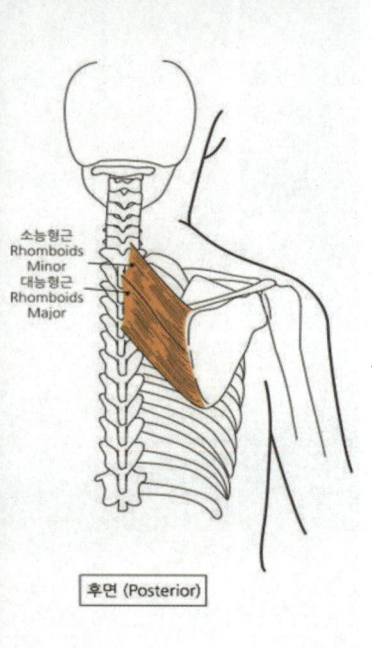

1. 어깨뼈와 척추뼈 사이에 마사지볼을 올려놓는다.
2. 그림과 같이 두 손을 앞으로 뻗어준다.
3. 마사지볼에 등을 붙인 상태로 팔을 옆으로 움직인다.
4. 시간은 20~30초 3번 반복한다.

골프 12가지 자세 교정 전략 ◀◀◀
6 ▶ 과도하게 어깨에 힘 준 자세

memo

골프 12가지 자세 교정 전략 ◀◀◀

7 체중이 밀린 자세

골프 12가지 자세 교정 전략 ◀◀◀

7 ▶ 체중이 밀린 자세

	잘못된 동작	
사진		
상태	하체가 목표점으로부터 멀리 측면으로 과도하게 움직여 체중이 뒤쪽 발의 바깥쪽으로 밀림	
원인	고관절 가동성 제한 하체의 불안정성 고관절 외회전 제한	
해결방안	〈이완 부위〉 고관절 내회전 근육근 고관절 모음근 이상근	〈강화 부위〉 코어근육 강화 중둔근, 대둔근 강화 고관절 모빌리티

골프 12가지 자세 교정 전략 ◀◀◀

7 ▶ 체중이 밀린 자세

허벅지 안쪽 근육(모음근들) 셀프 마사지

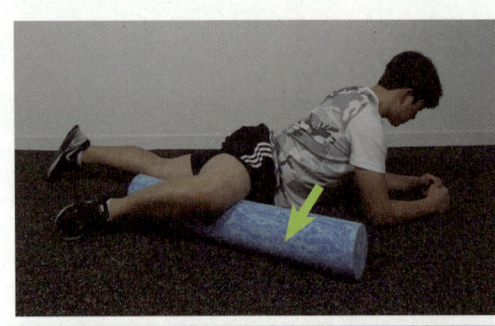
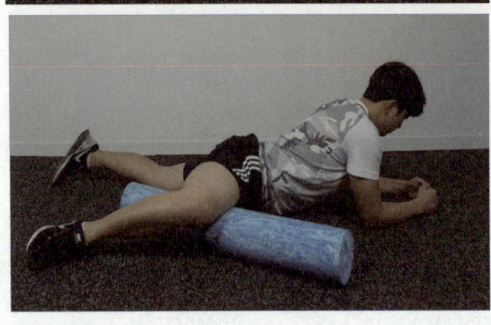
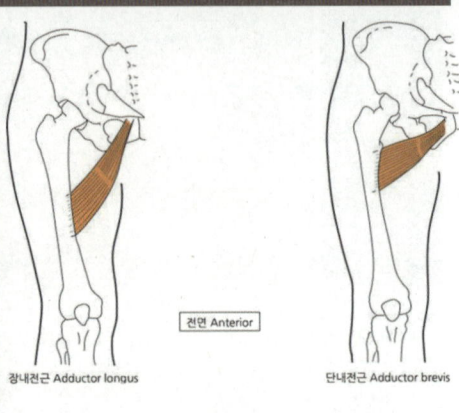
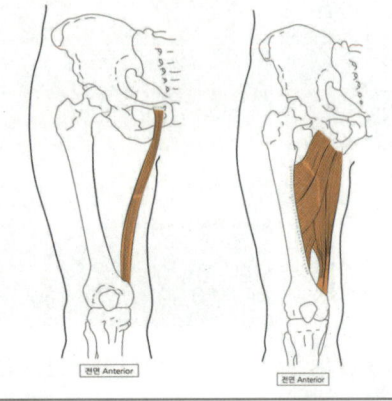

1. 폼롤러를 허벅지 안쪽에 위치한다.
2. 손으로 상체를 고정한 상태로 안쪽으로 굴려준다.
3. 시간은 20 ~ 30초 3번 반복한다.

골프 12가지 자세 교정 전략 ◀◀◀
7 ▶ 체중이 밀린 자세

허벅지 안쪽 근육(모음근들) 스트레칭

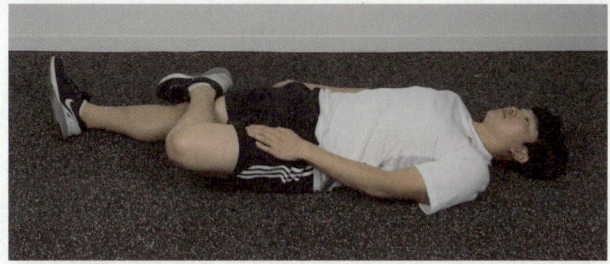

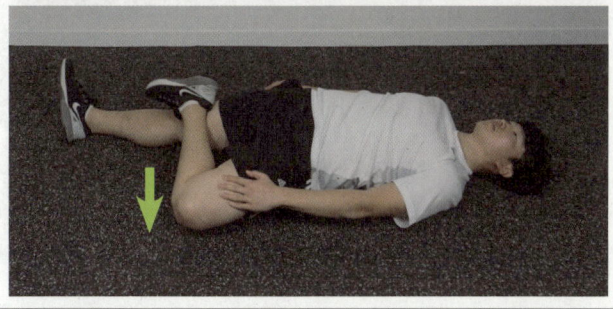

1. 사진과 같이 다리를 안쪽으로 90도 구부린다.
2. 구부려준 다리를 바닥 방향으로 눌러준다.
3. 이때 반대쪽 엉덩이가 들리지 않도록 주의한다.
4. 시간은 20 ~ 30초 유지해주며 3번 반복한다.

골프 12가지 자세 교정 전략 ◀◀◀

8 하체의 과도한 이동 자세

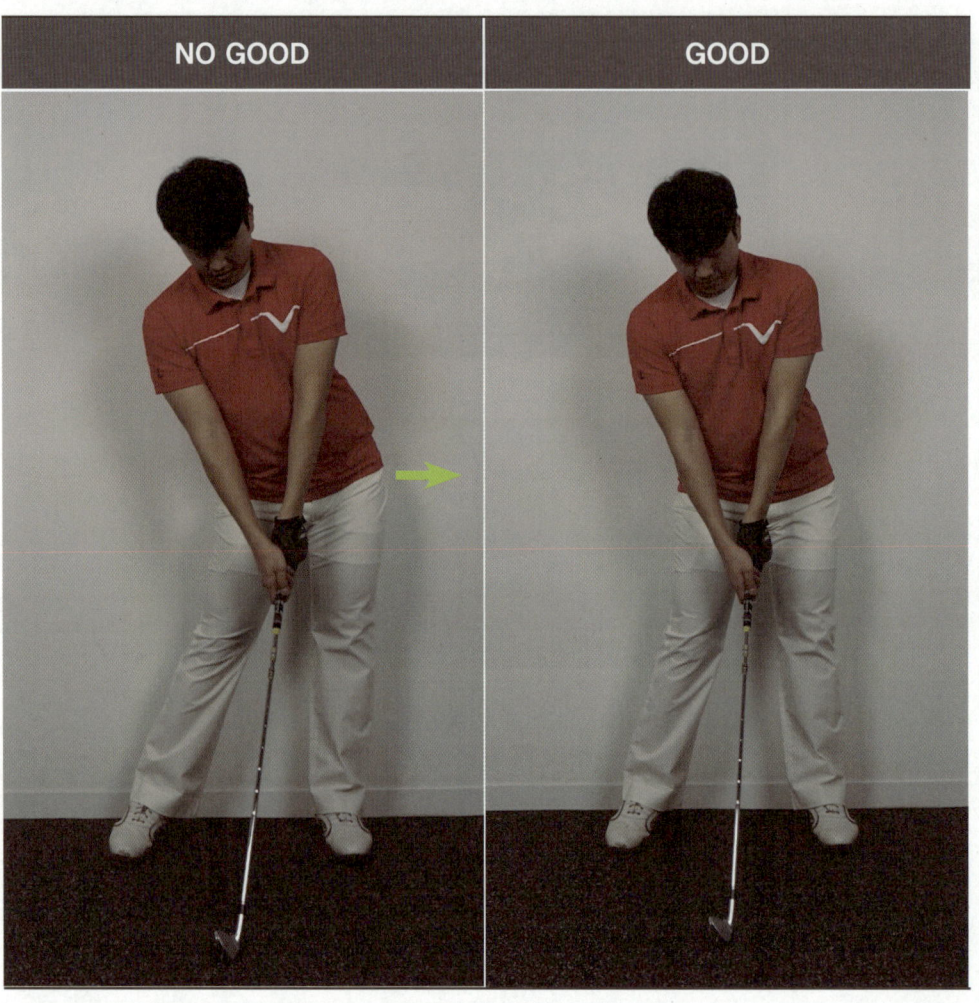

골프 12가지 자세 교정 전략 ◀◀◀
8 ▶ 하체의 과도한 이동 자세

	잘못된 동작	
사진	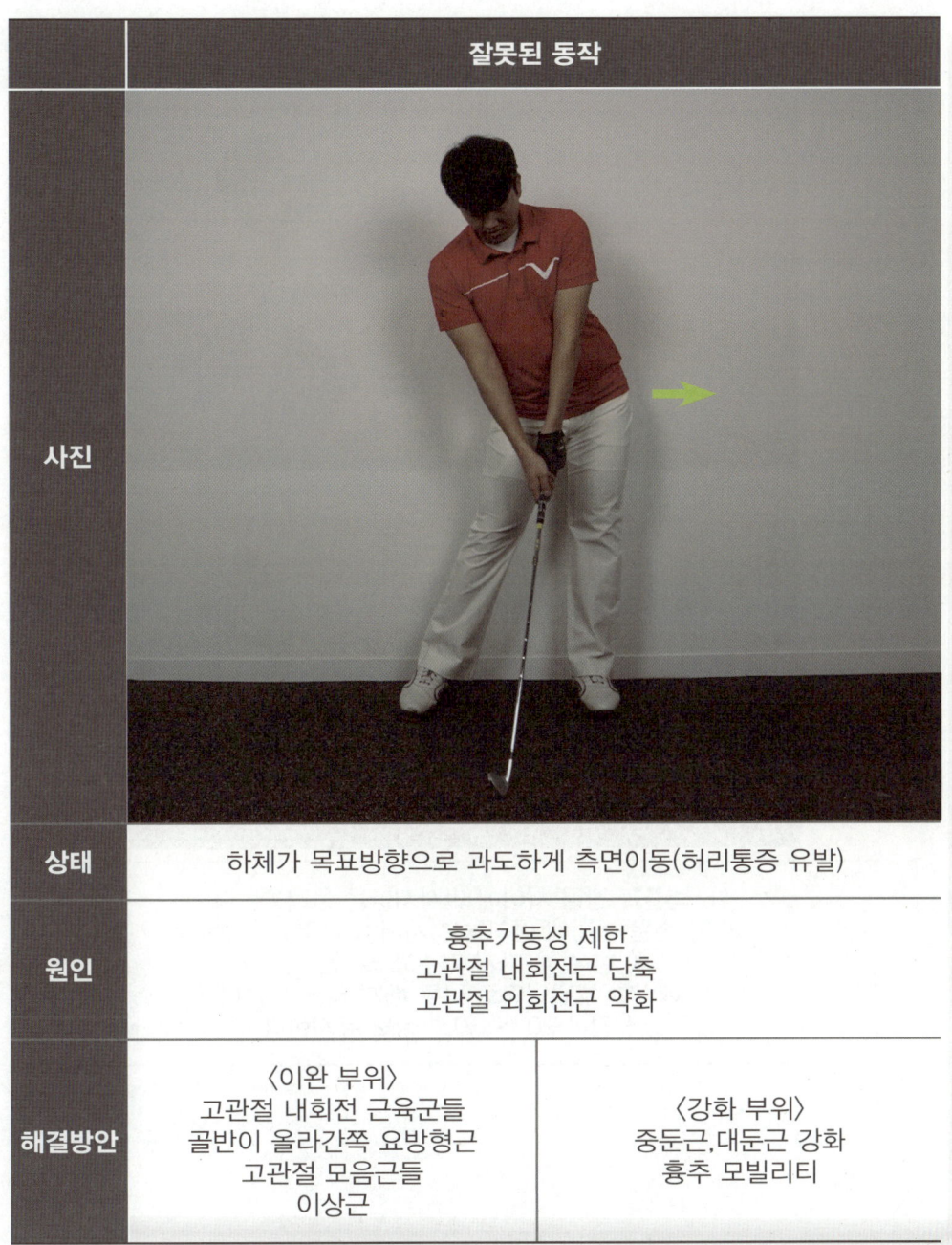	
상태	하체가 목표방향으로 과도하게 측면이동(허리통증 유발)	
원인	흉추가동성 제한 고관절 내회전근 단축 고관절 외회전근 약화	
해결방안	〈이완 부위〉 고관절 내회전 근육군들 골반이 올라간쪽 요방형근 고관절 모음근들 이상근	〈강화 부위〉 중둔근, 대둔근 강화 흉추 모빌리티

골프 12가지 자세 교정 전략 ◀◀◀

8 ▶ 하체의 과도한 이동 자세

허리 근육(요방형근) 마사지볼 셀프 마사지(골반이 올라가있는 쪽)

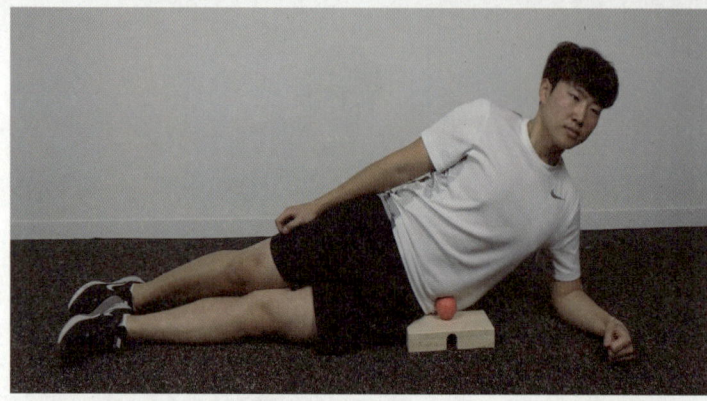

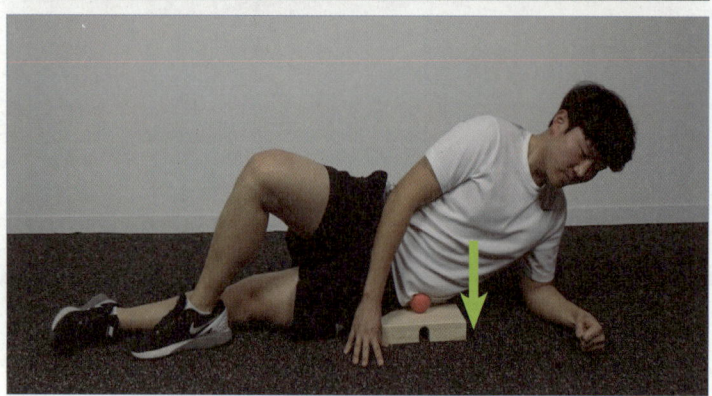

1. 늑골과 장골 사이에 마사지볼을 올려놓는다
2. 한 손은 머리에 올려놓고 서서히 압력을 가한다
3. 한 손을 다시 펴주고 눌러준다
4. 예민한 부위이므로 너무 쎄지 않게 누른다
5. 시간은 20 ~ 30초 정도 유지한다

허리 근육(요방형근) 스트레칭

 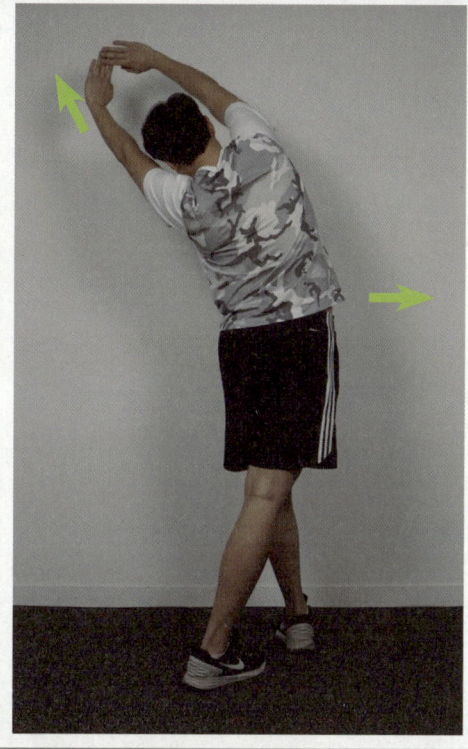

1. 스트레칭하는 방향의 발을 뒤로 빼주고, 손을 위로 쭉 뻗는다.
2. 발을 뒤로 뺀 방향 반대로 상체를 늘린다.
3. 시간은 20 ~ 30초 3번 반복한다.

골프 12가지 자세 교정 전략 ◀◀◀

9 상체가 밖으로 밀린 자세

9 ▶ 상체가 밖으로 밀린 자세

	잘못된 동작
사진	
상태	백 스윙 중에 상체가 과도하게 신전되거나 왼쪽 옆으로(오른손잡이일경우) 굽힘
원인	고관절 내회전 제한 척추기립근의 단축 흉추회전의 제한
해결방안	〈이완 부위〉　　　　　〈강화 부위〉 고관절 굴곡근　　　　코어근육 강화 햄스트링 근육군들　　흉추 모빌리티 척추기립근　　　　　대둔근

골프 12가지 자세 교정 전략 ◀◀◀

9 ▶ 상체가 밖으로 밀린 자세

등(흉추) 셀프 마사지 및 스트레칭

1. 등을 대고 폼롤러 위에 눕는다
2. 양손은 깍지를 끼고 목에 둔 상태에서 등을 뒤로 젖힌다
3. 이때 허리가 꺾이지 않도록 배를 땅에 내려놓는다
4. 횟수는 12 ~ 15회 3번씩 반복한다

골프 12가지 자세 교정 전략 ◀◀◀
9 ▶ 상체가 밖으로 밀린 자세

memo

골프 12가지 자세 교정 전략 ◀◀◀

10 하체를 밀어내지 못하는 자세

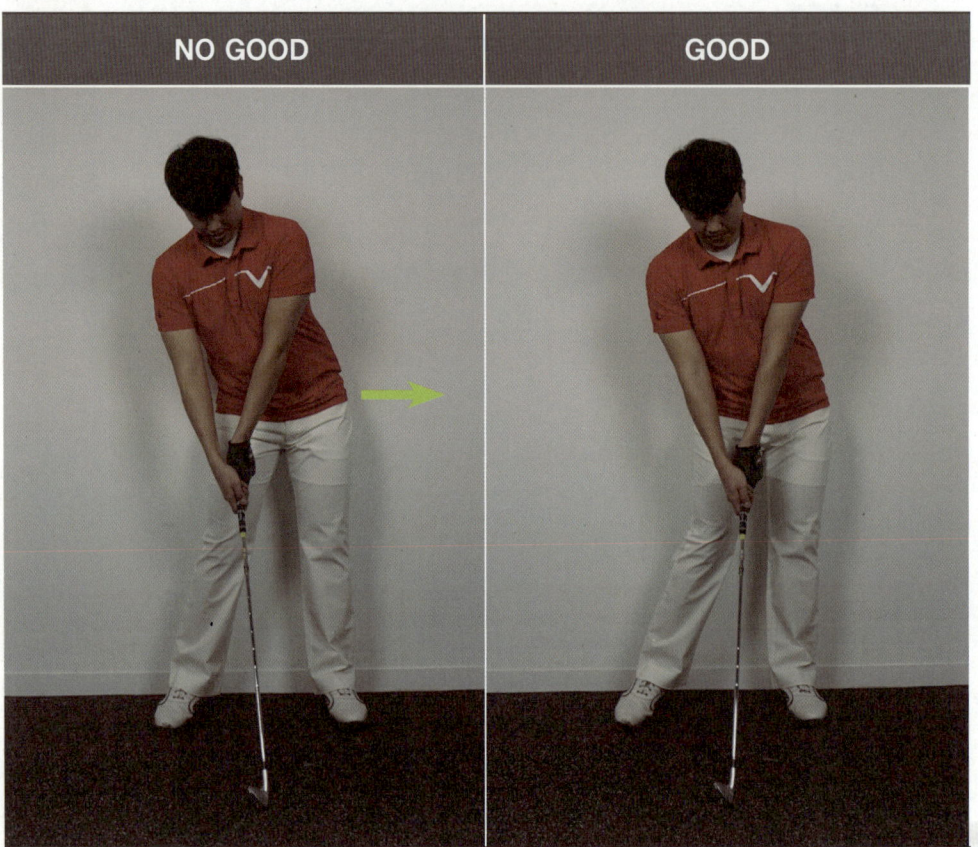

골프 12가지 자세 교정 전략 ◀◀◀
10 ▶ 하체를 밀어내지 못하는 자세

	잘못된 동작
사진	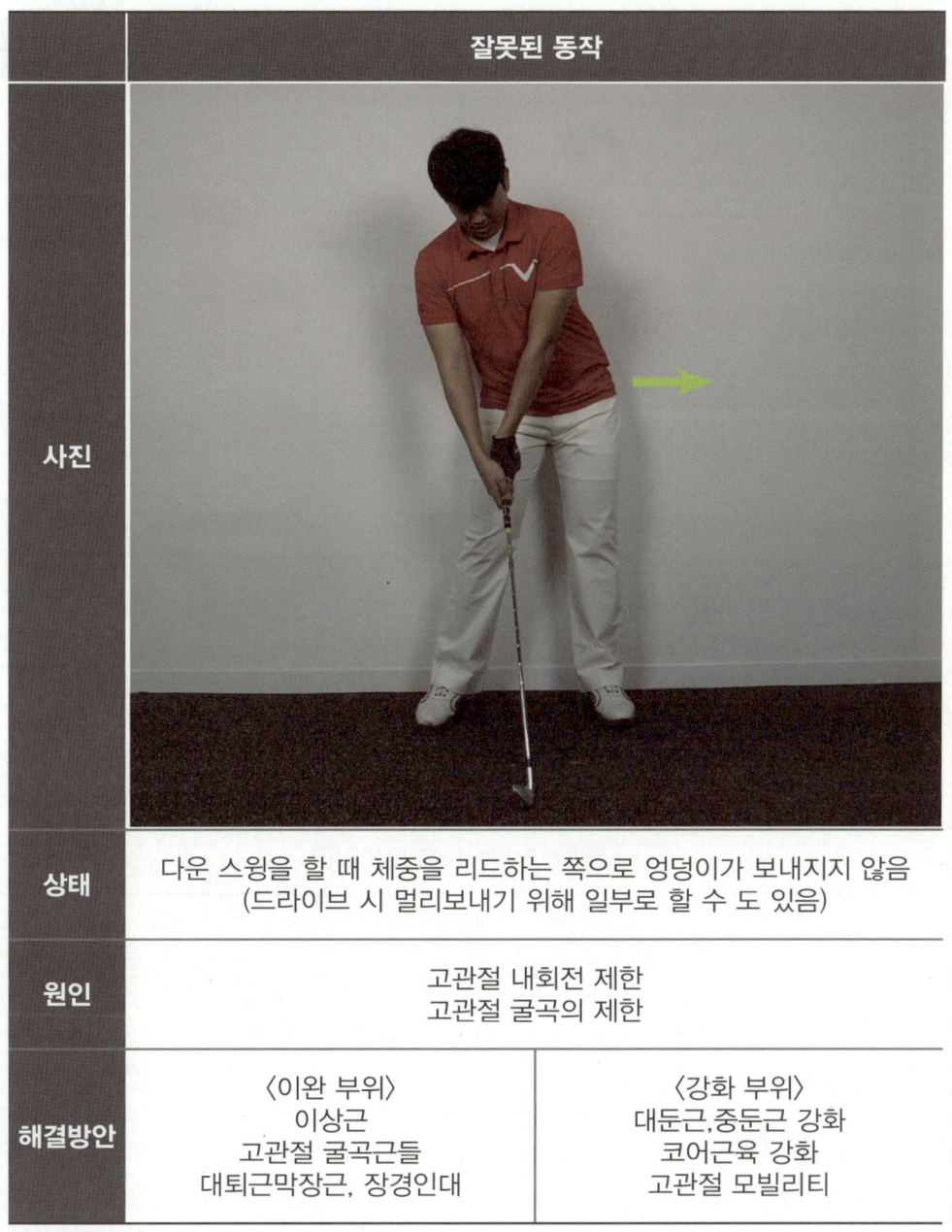
상태	다운 스윙을 할 때 체중을 리드하는 쪽으로 엉덩이가 보내지지 않음 (드라이브 시 멀리보내기 위해 일부로 할 수 도 있음)
원인	고관절 내회전 제한 고관절 굴곡의 제한
해결방안	〈이완 부위〉 이상근 고관절 굴곡근들 대퇴근막장근, 장경인대	〈강화 부위〉 대둔근, 중둔근 강화 코어근육 강화 고관절 모빌리티

골프 12가지 자세 교정 전략 ◀◀◀

10 ▶ 하체를 밀어내지 못하는 자세

엉덩이 근육(이상근) 셀프 마사지

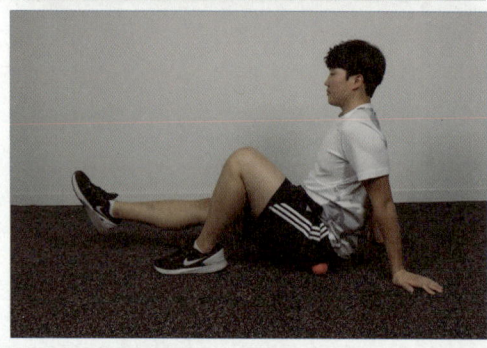
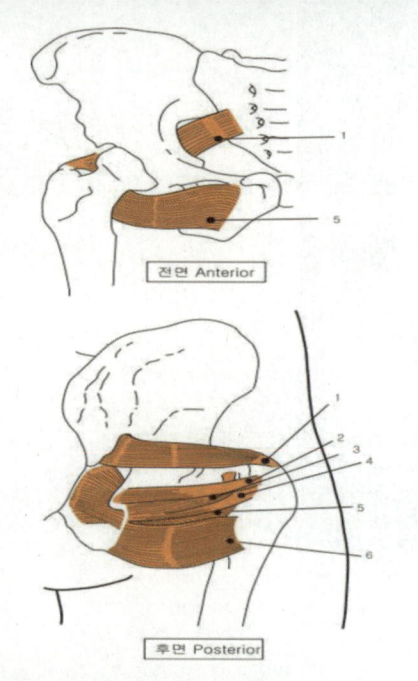

1. 엉덩이 가운데에서 살짝 바깥쪽 부분에 마사지볼을 올려놓는다.
2. 반대쪽 다리를 펴주고, 마사지하는 부위의 다리를 고정하고 반복한다.
3. 횟수는 12~15번 반복한다.

골프 12가지 자세 교정 전략 ◀◀◀
10 ▶ 하체를 밀어내지 못하는 자세

엉덩이 근육(이상근) 셀프 스트레칭

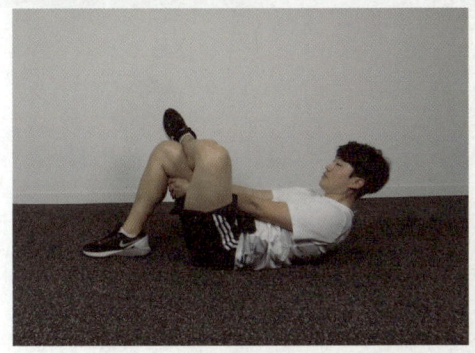
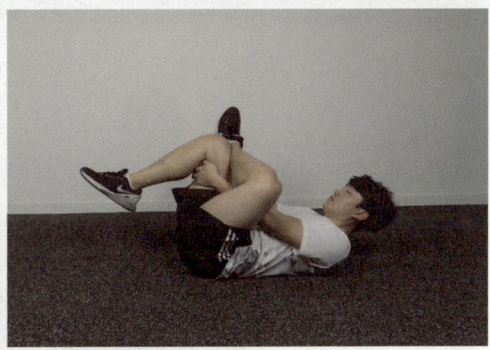
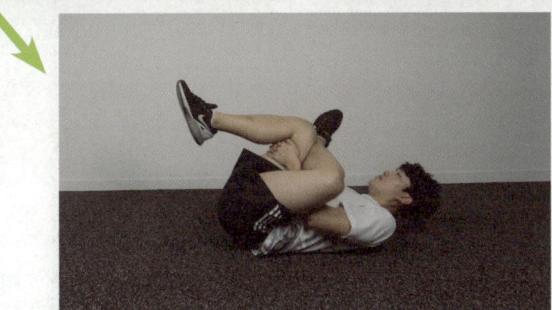

1. 사진과 같이 다리를 90도로 꼬아서 몸쪽으로 당긴다.
2. 이때 손은 다리를 꼬지 않은 쪽 허벅지 뒤쪽을 잡아 당긴다.
3. 20 ~ 30초 유지해주시고 3번씩 반복한다.

골프 12가지 자세 교정 전략 ◀◀◀

11 낚시 스윙 자세

골프 12가지 자세 교정 전략 ◀◀◀

11 ▶ 낚시 스윙 자세

	잘못된 동작	
사진		
상태	다운 스윙 중에 임팩트까지 손목의 각도가 너무 일찍 릴리즈 되는 것을 말한다.	
원인	손목 근력의 약화 손목의 유연성 부족	
해결방안	〈이완 부위〉 전완근	〈강화 부위〉 손목의 가동성

골프 12가지 자세 교정 전략 ◀◀◀

11 ▶ 낚시 스윙 자세

손목 셀프 스트레칭

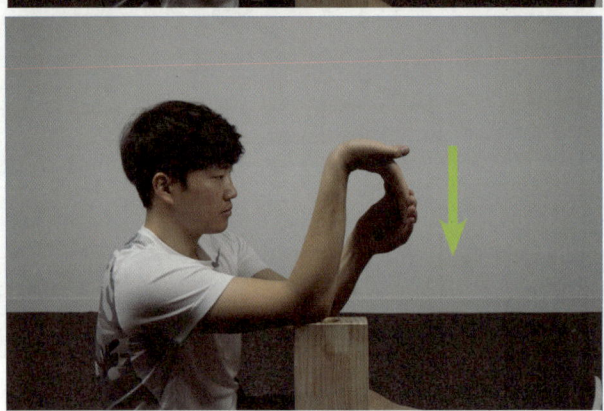

1. 손목을 바깥쪽으로 90도 꺾어서 바닥에 고정한다
2. 다른 한손으로 고정해준 손가락을 아래로 밀어준다
3. 시간은 20 ~ 30초 밀어주고 유지한다

골프 12가지 자세 교정 전략 ◀◀◀
11 ▶ 낚시 스윙 자세

손목 셀프 스트레칭

1. 네발자세에서 손바닥이 아래, 팔뚝은 서로 마주보게 만들고 좌, 우로 이동한다.
2. 시간은 30~50초 사이로 횟수는 2번 반복한다.
3. 이때 어깨가 으쓱 들리지 않게 주의한다.

골프 12가지 자세 교정 전략

12 팔꿈치가 꺾인 자세

골프 12가지 자세 교정 전략 ◀◀◀
12 ▶ 팔꿈치가 꺾인 자세

사진	잘못된 동작

상태	리드하는 팔꿈치가 펴지지 않거나 유지하지 못함
원인	어깨의 유연성 제한 흉추회전의 제한
해결방안	〈이완 부위〉 척추기립근 / 어깨의 외회전근 / 대흉근,소흉근 　　〈강화 부위〉 코어 근육 강화 / 회전근개 강화 / 고관절 모빌리티

골프 12가지 자세 교정 전략 ◀◀◀

12 ▶ 팔꿈치가 꺾인 자세

어깨 외회전 근육(극하근) 셀프 마사지

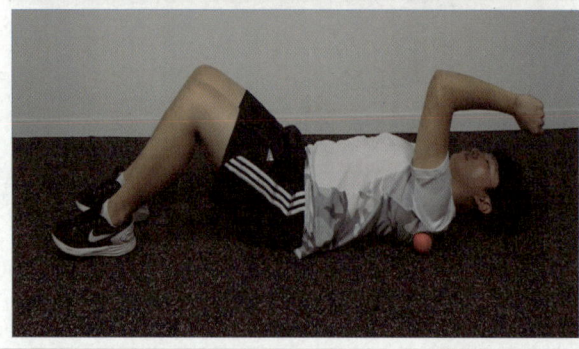
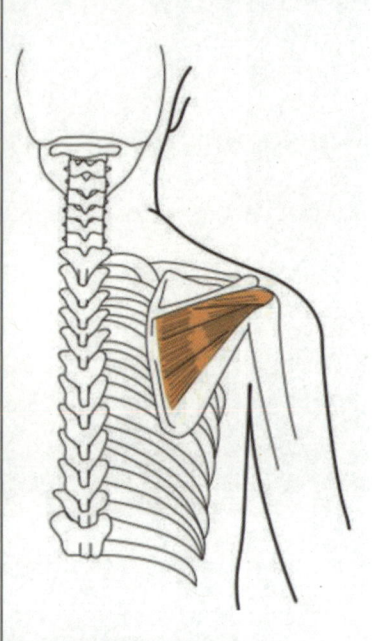

1. 팔꿈치를 90도 접어주시고 날개뼈 뒤쪽에 마사지볼을 올려놓는다.
2. 팔을 밖으로 돌리는 동작을 반복한다.
3. 반복횟수는 12 ~ 15번, 3번씩 실행한다.

골프 12가지 자세 교정 전략 ◀◀◀
12 ▶ 팔꿈치가 꺾인 자세

어깨 외회전 근육(극하근) 셀프 스트레칭

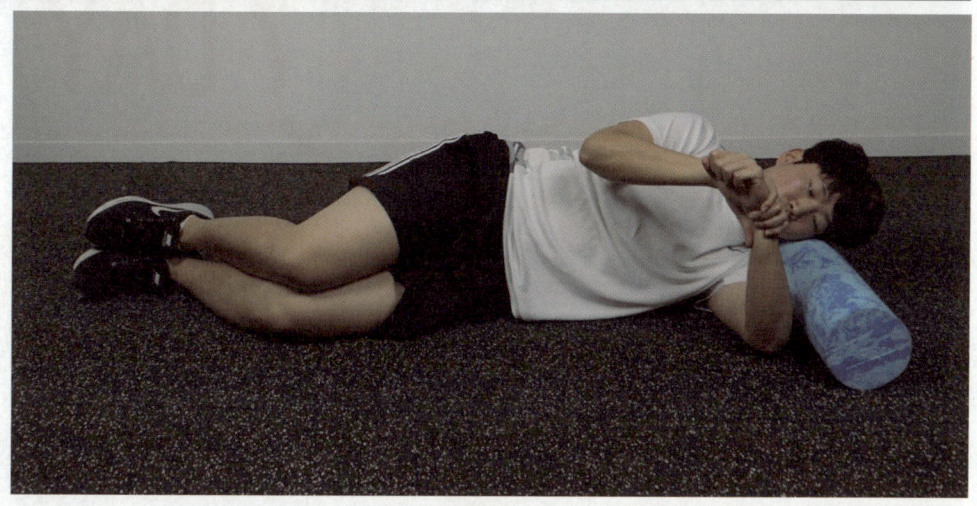

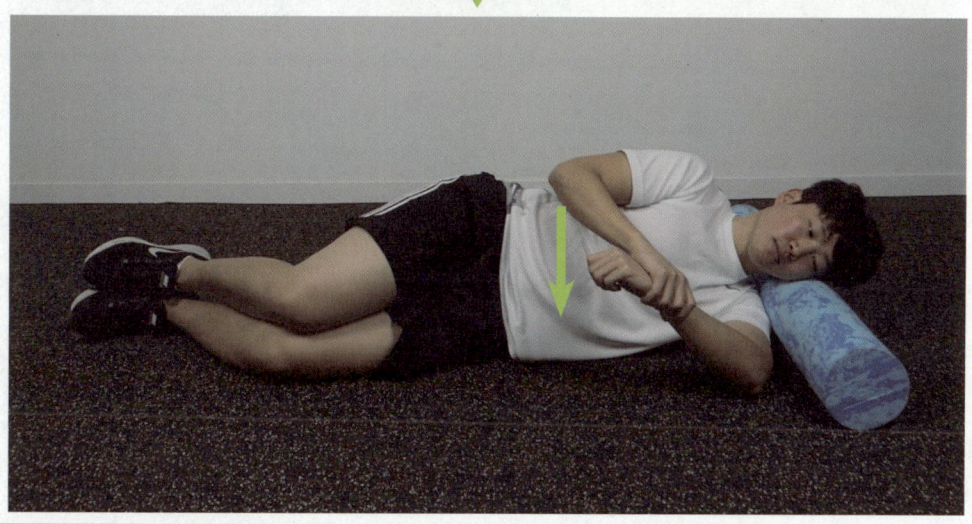

1. 옆으로 날개뼈가 바닥에 닿도록 누워 팔꿈치를 90도 만든다.
2. 다른 한 손으로 스트레칭하는 방향의 손을 지지한 후 아래로 누른다.
3. 이때 누운 방향의 어깨가 과도하게 올라가지 않도록 주의한다.
4. 횟수는 12 ~ 15회 3번 반복한다.

7 DAY STABILITY TRAINING PLAN

요약 가이드

골퍼에게 몸의 안정성이 떨어진다면 스윙 자세는 무너지게 될것이며, 그로인해 부상 위험에 노출될 수도 있으며, 비거리 확보에도 어려움을 느끼게 될것이다.

참고 사항
- 1 set 15 ~ 20개 반복
- 총 3 set 진행

안정된 스윙을 위한 컨디셔닝

골프 또한 다른 스포츠와 마찬가지로 부상이 많은 스포츠라 생각한다. 사람들은 골프를 스포츠라 생각하지 않고 단순히 게임이라 생각해버리고 몸을 만드는데 시간을 투자하지 않는다. 골프는 전신을 사용하는 회전운동이며, 한쪽 방향으로 운동하는 과학적, 기술적 체력이 필요한 스포츠다. 아마추어 골퍼도 골프 드라이버 시 최대 근력의 90%이하의 힘을 쓴다. 다른 예로 보디빌더라 하더라도 90%의 힘으로는 겨우 4번의 운동만으로도 근 피로를 느끼는 것과 같은 수준이다. 많은 골퍼가 골프 게임 시 비교적 높은 수준의 운동강도로 40번 이상 공을 친다는 것을 알지 못하는 것 같다. 프로가 아닌 아마추어들도 높은 근육 소비량에 도달한다. 하지만 프로와 아마추어에 차이가 있다면 이러한 소비량에도 불구하고 프로들은 게임이 끝나고 더 많은 에너지를 자신의 컨디셔닝을 위해 투자한다는 점이다.

컨디셔닝의 필요성에 대해 투자를 하지 않는다면 결국 더 좋은 샷을 날리기 위해 더 많은 시간과 에너지를 샷을 치는 데에만 투자해야 할 것이다. 골프를 치는 아마추어들 중에는 많은 책이나 피트니스센터의 트레이너에게 도움을 받아 근력과 체력은 향상되겠지만 골프에 필요한 근력을 키우는 데는 다소 부족할 수 있다. 반대로 근력은 좋아졌지만 골프 실력은 오히려 줄어드는 경우도 있다. 그 이유는 운동 목적에 있어서 골프 피트니스를 위한 트레이닝 아닌 보디빌더식의 근육량을 증가시키는 데에 있다. 골프는 보디빌딩과는 다르게 정확한 타이밍, 컨트롤적인 몸의 펑셔널적인 구성요소를 필요로 한다. 보디빌딩의 목표는 근 매스를 더 크게 만들고자 하는 것으로 그러한 목표에 맞추어 피트니스센터의 기구들이 개발되었고 근력운동이 개발되었기 때문에 골프 특징에 맞는 기능적 능력 향상에는 제한적일 수 있다.

골퍼가 이러한 장비를 통해 보디빌딩의 원리를 이용해 트레이닝을 받는다면 골프에 필요한 복잡한 관절의 일치된 움직임과 신경근 적응에 다소 불리할 수 있다. 결과적으로 골퍼들에게는 다소 부정적 영향을 끼칠 수 있다.

골프 시 안정적인 스윙을 위한 컨디셔닝은 평형성, 근력, 협응력과 같은 골프 특성에 맞는 기능적 트레이닝을 수행함으로써 골프에 안정적인 스윙의 기술을 발휘할 수 있도록 하는 방법이다. 이것은 축구, 농구, 야구와 같은 프로 스포츠 경기에서 선수들이 스포츠 특성에 맞는 트레이닝을 받아 경기 시 훨씬 안정적인 플레이를 하기 위한 것과 같은 개념이다.

기능적 운동(Functional Training)이라는 개념은 피트니스센터 근력운동 기구를 기본으로 하는 것과는 다른 의미이다. 피트니스센터의 웨이트 장비는 독립된 근육을 발달시키기 위해 고안된 장비이다. 목적 자체가 근육의 독립적인 발달이냐 하는 것은 별개의 문제이다. 따라서 효과적인 컨디셔닝 프로그램은 독립된 근육 트레이닝이 아니라 인체를 하나의 전체로서 우리 몸의 기능적인 안정을 추구하는 트레이닝의 목적이 추구되어야 한다. 안정성이 기반이 되지 않는다면 다양한 차원의 가동성이나 밸런스적인 부분이 서로 협응 되지 않는다.

예를 들어 한 골퍼의 스윙의 모습을 보자 지면의 힘을 받아 땅을 누르면서 받아쳐 내는 모습의 샷을 보면 우리는 그 힘이 얼마나 안정적인지 느낄 수 있다. 반면에 어딘가 모르게 불안하고 힘이 너무 과하게 들어갔다는 느낌의 샷을 보면 나도 모르게 불편해지는 느낌을 느낄 수 있다. 다른 예를 들어보면 그냥 지면 위에서 샷을 날리는 모습과 스케이트 보드라는 불안정한 지면에서 샷을 날릴 때의 각도는 스케이트 보드위에서 날린 샷은 눈으로 직접 보지 않아도 형편없을 것이라는 것을 유추할 수 있다. 신체에서는 한 부위가 인접한 신체 부위에 고정되어 있지 않으면 이 인접 부위는 불안정한 상태로 남아있게 된다. 이에 따라 소비하는 에너지의 양과 효율성이 모두 떨어질 수 도 있다. 이러한 모습은 마치 우리의 인체 내에서 관절과 관절 사이의 관계, 근육과 근육 사이의 관계에 빗대어 표현할 수도 있다. 스윙 내내 몸의 안정화를 이루게 된다면 지면에서 엉덩이, 몸통, 팔 그리고 마침내 클럽으로 에너지가 전달되어 샷의 파워나 속도를 좀 더 효율적으로 만들어 낼 수 있다. 신체에서 가장 불안정함을 느끼는 부위는 흔히 엉덩이(고관절)일 것이다. 이렇게 불안정한 상태가 된다면 골퍼가 다운스윙이나 임팩트 시에 엉덩이가 한쪽으로 밀리거나 엉덩이의 보상작용으로 인해 허리에 손상을 입을 가능성이 커진다. 이처럼 한 부위만 불안정한 상태가 되어도 우리 몸의 여러 부위에서 부상을 입을 수 있고, 스윙의 효율성이 떨어질 수 있다.

이는 체내 불안정성이 골프 경기력에 부정적인 영향을 끼칠 수 있다는 한 예에 불과하다. 전신에 걸쳐 인접한 부위의 관절과 근육 모두 안정성을 이루어야 우리의 몸은 그때 안정화를 이루려고 노력을 하게 될 것이다. 예를 들어 어깨의 불안정성이 시작되면 어깨와 연결되어있는 목과 손목, 흉추의 불안정성이 야기될 것이고 흉추의 불안정성이 시작되면 흉추와 연결되어있는 척추의 불안정성이, 척추와 연결되어있는 고관절,발목의 불안정성이 덩달아 야기될 수 있다. 이 장에서는 몸의 분절의 중심인 어깨,척추,골반이 주축으로 스윙시 안정화 시킬 수 있는 운동들이 소개되어있다. 트레이닝 시 안정성,가동성 운동을 통합시켜 계획한다면 골프 수행능력을 높이는 훌륭한 프로그램이 될 것이다.

STABILITY TRAINING PLAN ◀◀◀

운동 플래닝

	사이드 익스터널 브릿지
사진	(이미지)
타켓팅 부위	고관절 외전근, 중둔근, 소둔근
운동 설명	1. 사이드로 누워서 다리를 펴준다. 2. 한쪽 다리는 고정 시키고 다른 한쪽 다리를 들면서 발끝을 밖으로 돌려준다. 3. 이때 한손은 머리밑에 두고 다른 한손은 골반을 아래쪽으로 밀어준다.
주의 사항	〈호흡〉 발을 올릴때 내쉬고, 발이 원위치로 돌아올때 들이 쉰다. 〈쿨타임〉 1 set 당 1분 휴식으로 번갈아 가면서 한다. 〈횟수〉 12~15회 정도 반복

STABILITY TRAINING PLAN ◀◀◀

1 day 운동 플래닝

	원 레그 런지
사진	
타켓팅 부위	대퇴사두근, 대둔근, 햄스트링, 코어 안정화
운동 설명	1. 한발을 뒤로 보낸다. 2. 배꼽을 당기고 뒤의 무릎부터 서서히 내려간다. 3. 이때 골반의 기울기가 무너지지 않게 배에 긴장을 유지한다. 4. 제자리로 올라올 때는 앞발 발바닥을 바닥을 밀어주며 올라온다.
주의 사항	〈호흡〉 무릎을 내릴 때 배꼽을 당기고 코로 들이쉬고, 올라올 때 입으로 내쉰다. 〈쿨타임〉 1 set 당 1분 휴식으로 번갈아 가면서 한다. 〈횟수〉 12~15회 정도 반복

STABILITY TRAINING PLAN ◀◀◀

2 DAY 운동 플래닝

사이드 플랭크

사진	(이미지)
타켓팅 부위	내복사근, 외복사근, 코어 안정화
운동 설명	옆으로 누워서 한손은 머리에, 한손은 바닥에 내려놓는다. 이때 어깨와 반대쪽 어깨가 수평이 되게 맞춘다. 엉덩이를 들어 복부쪽이 떨어지지 않게 유지한다.
주의 사항	〈호흡〉 복부에 힘을 준 상태로 코로 들이 쉬고 입으로 호흡한다. / 〈쿨타임〉 1 set 당 1분 휴식으로 번갈아 가면서 한다. 〈횟수〉 12~15회 정도 반복

STABILITY TRAINING PLAN ◀◀◀
2 day 운동 플래닝

	밴드 로테이션
사진	
타켓팅 부위	회전근개
운동 설명	1. 밴드를 걸어 양손으로 잡고 팔꿈치는 어깨 높이를 유지한다. 2. 팔꿈치 위치는 고정시키고 팔을 뒤로 돌려준다. 3. 이때 복부는 배꼽을 당기고 힘을 주고 유지한다.
주의 사항	〈호흡〉 흡기: 팔이 원 위치로 돌아올 때 호기: 팔을 뒤로 돌릴 때	〈쿨타임〉 1 set 당 1분 휴식으로 번갈아 가면서 한다. 〈횟수〉 12~15회 정도 반복

STABILITY TRAINING PLAN ◀◀◀

2 day 운동 플래닝

	벤치 원 레그 스쿼트	
사진	(사진)	
타켓팅 부위	햄스트링, 대둔근, 대퇴사두근, 코어 안정화	
운동 설명	1. 벤치에 앉아 한발을 들고 시작한다. 2. 디딤발 뒤꿈치에 힘을 주고 그대로 일어선다. 3. 앉을때는 엉덩이부터 먼저 빼면서 앉는다.	
주의 사항	〈호흡〉 흡기: 벤치에 앉을 때 호기: 벤치에서 일어설때	〈쿨타임〉 1 set 당 1분 휴식으로 번갈아 가면서 한다. 〈횟수〉 12~15회 정도 반복

STABILITY TRAINING PLAN ◀◀◀

3 DAY 운동 플래닝

메디신볼 우드 촙

사진	(위 사진)
타켓팅 부위	내복사근, 외복사근, 코어 안정화, 광배근, 중둔근
운동 설명	1. 양발을 벌리고 서서 메디신볼을 들고 선다 2. 대각선 방향 그대로 몸통을 회전하면서 그대로 앉는다 3. 이때 채중은 메디신볼을 들고 있던 방향 발에 싣는다
주의 사항	〈호흡〉 흡기 : 몸통을 회전하면서 앉을 때 호기 : 몸통을 회전하면서 일어설 때	〈쿨타임〉 1 set 당 1분 휴식으로 번갈아 가면서 한다. 〈횟수〉 12~15회 정도 반복

STABILITY TRAINING PLAN 7DAY **67**

STABILITY TRAINING PLAN ◀◀◀
3 day 운동 플래닝

	짐볼 볼 로테이션
사진	
타켓팅 부위	내복사근, 외복사근, 코어 안정화
운동 설명	1. 짐볼 위에 누워 양발을 지면에 고정시킨다. 2. 배꼽을 당기고 골반이 움직이지않고 상체만 움직일 수 있도록 볼을 잡고 서서히 회전한다. 3. 왼쪽으로 돌고 제자리 오른쪽으로 돌고 제자리 한쪽씩 번갈아 가면서 할 것
주의 사항	〈호흡〉 몸을 돌릴 때 배꼽을 당기고 숨을 내뱉고, 돌아올 때 들이쉰다 · 〈쿨타임〉 1 set 당 1분 휴식으로 번갈아 가면서 한다. 〈횟수〉 12~15회 정도 반복

STABILITY TRAINING PLAN ◂◂◂

 **운동 플래닝**

	짐볼 푸쉬업
사진	
타켓팅 부위	코어, 대흉근, 전거근
운동 설명	1. 짐볼 위에 두 손을 내려놓고 두발로 지탱한다. 2. 푸쉬업을 하는데 팔꿈치보다 가슴이 먼저 내려가독 한다. 3. 이때 배꼽을 당기고 가슴을 들어주고 허리가 구부리지지 않게 유지한다.
주의 사항	〈호흡〉 흡기 : 몸통이 내려갈 때 호기 : 몸통이 올라갈 때	〈쿨타임〉 1 set 당 1분 휴식으로 번갈아 가면서 한다. 〈횟수〉 12~15회 정도 반복

STABILITY TRAINING PLAN ◀◀◀
4 day 운동 플래닝

	덤벨 윈드밀
사진	
타겟팅 부위	회전근개, 외복사근, 중둔근
운동 설명	1. 다리를 충분히 벌려 준다. 2. 한손엔 덤벨을 들고 덤벨 들지 않은 발을 일자로 만들어 선다. 3. 시선은 덤벨을 본 상태로 서서히 덤벨 든 반대편 손과 몸통을 굽힌다. 4. 이때 어깨는 덤벨 든 손과 들지 않는 손은 수평을 유지해준다. 5. 굽혀서 충분히 내려간 후 다시 앞을 보고 원래자세로 돌아온다.
주의 사항	〈호흡〉 흡기 : 몸통을 구부릴 때 호기 : 몸통이 다시 돌아올 때 〈쿨타임〉 1 set 당 1분 휴식으로 번갈아 가면서 한다. 〈횟수〉 12~15회 정도 반복

	사이드 런지
사진	
타켓팅 부위	대둔근, 중둔근, 대퇴사두근, 외전근
운동 설명	1. 양발을 충분히 벌리고 선다. 2. 한쪽 부터 엉덩이를 뒤로 빼면서 약간만 앉아준다. 3. 엉덩이에 체중이 실리면 빠진 쪽 발로 지면을 밀면서 일어난다.
주의 사항	〈호흡〉 무릎을 내릴 때 배꼽을 당기고 코로 들이쉬고, 올라올 때 입으로 내쉰다. / 〈쿨타임〉 1 set 당 1분 휴식으로 번갈아 가면서 한다. 〈횟수〉 12~15회 정도 반복

STABILITY TRAINING PLAN ◀◀◀

운동 플래닝

	버드 독
사진	
타켓팅 부위	코어 안정화, 척추기립근
운동 설명	1. 네발기기 자세로 선다. 2. 왼쪽 팔을 올리고 오른쪽 발을 뒤로 뻗는다(발과 손 교차). 3. 이때, 배꼽을 당기고 골반은 최대한 움직이 않게 유지한다. 4. 번갈아 가면서 반복한다.
주의 사항	〈호흡〉 흡기 : 팔과 다리가 원래 위치로 돌아올때 호기 : 팔과 다리를 뻗을 때 　　〈쿨타임〉 1 set 당 1분 휴식으로 번갈아 가면서 한다. 〈횟수〉 12~15회 정도 반복

STABILITY TRAINING PLAN ◀◀◀
5 day 운동 플래닝

	폼롤러 스쿼트
사진	
타켓팅 부위	코어 안정화, 대퇴사두근, 대둔근
운동 설명	1. 벽쪽에 기대어 폼롤러 위에 선다. 2. 위에 올라가 균형을 잡은 뒤 스쿼트를 실시한다. 3. 중심이 잡히지 않으면 엉덩이가 벽에 닿도록하여 단계를 낮춘다.
주의 사항	〈호흡〉 흡기 : 스쿼트 내려갈 때 호기 : 스쿼트 올라올 때	〈쿨타임〉 1 set 당 1분 휴식으로 번갈아 가면서 한다. 〈횟수〉 12~15회 정도 반복

STABILITY TRAINING PLAN ◀◀◀

5 day 운동 플래닝

	밸런스패드 런지
사진	
타켓팅 부위	코어, 대둔근, 대퇴사두근
운동 설명	1. 밸런스패드 위에 한발을 올려 놓고 런지 자세를 취한다. 2. 이때 뒷 무릎부터 서서히 내려간다. 3. 배꼽을 당겨 허리가 구부러지지 않게 자세를 유지한다.
주의 사항	〈호흡〉 흡기 : 무릎을 내릴 때 호기 : 무릎을 올릴 때 〈쿨타임〉 1 set 당 1분 휴식으로 번갈아 가면서 한다. 〈횟수〉 12~15회 정도 반복

STABILITY TRAINING PLAN ◀◀◀

운동 플래닝

	브릿지
사진	
타겟팅 부위	코어 안정화, 대둔근
운동 설명	1. 천장을 보고 누워 다리를 90도 구부리고 팔은 지면에 내려놓는다. 2. 배꼽을 당긴채로 서서히 엉덩이를 들어올린다. 3. 이때 허리가 꺾이지 않도록 배꼽을 당긴채 유지한다.
주의 사항	〈호흡〉 흡기 : 엉덩이를 내릴 때 호기 : 엉덩이를 올릴 때 　　〈쿨타임〉 1 set 당 1분 휴식으로 번갈아 가면서 한다. 〈횟수〉 12~15회 정도 반복

STABILITY TRAINING PLAN ◀◀◀
6 day 운동 플래닝

	플랭크
사진	
타켓팅 부위	코어 안정화, 척추기립근
운동 설명	1. 엎드린 자세로 팔꿈치는 땅에 붙인다. 2. 배꼽을 척추 쪽으로 당기고 괄약근에 힘을 준다. 3. 골반이 기울어지지 않게 배와 괄약근에 힘을 유지한다.
주의 사항	〈호흡〉 흡기 : 배꼽을 당기고 코로 마신다. 호기 : 배꼽을 당기고 입으로 내쉰다. 〈쿨타임〉 1 set 당 1분 휴식으로 번갈아 가면서 한다. 〈횟수〉 12~15회 정도 반복

STABILITY TRAINING PLAN ◀◀◀

	싱글 데드리프트
사진	
타켓팅 부위	코어 안정화, 척추기립근, 대둔근
운동 설명	1. 중량을 선택한 후 한발을 들고 선다. 2. 배꼽은 당기고 든 다리를 뒤로 보내면서 상체를 서서히 앞으로 구부린다. 3. 상체를 구부리면서 지지하는 다리의 무릎은 살짝 구부려준다. 4. 이때 가슴은 들어주어 허리의 만곡이 생기지 않게 주의한다.
주의 사항	〈호흡〉 흡기 : 다리를 구부리며 내려갈 때 호기 : 다리를 피면서 올라올 때 〈쿨타임〉 1 set 당 1분 휴식으로 번갈아 가면서 한다. 〈횟수〉 12~15회 정도 반복

STABILITY TRAINING PLAN ◀◀◀

7 DAY 운동 플래닝

벤치 원 레그 스쿼트

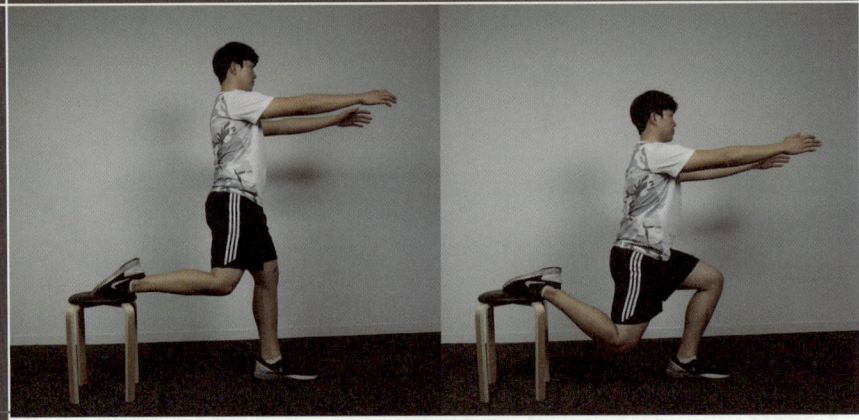

사진	(위 이미지)
타겟팅 부위	코어 안정화, 대둔근, 대퇴사두근
운동 설명	1. 벤치 위에 다리를 올리고 다른 발은 충분히 간격을 두고 선다. 2. 엉덩이를 살짝 뒤로 빼주면서 스쿼트를 실시 한다. 3. 이때 가슴을 들어주고 허리가 구부러지지 않게 배꼽을 당겨준다.
주의 사항	〈호흡〉 흡기 : 다리를 구부리고 내려갈 때 호기 : 다리를 펴고 올라올 때	〈쿨타임〉 1 set 당 1분 휴식으로 번갈아 가면서 한다. 〈횟수〉 12~15회 정도 반복

STABILITY TRAINING PLAN ◀◀◀
7 day 운동 플래닝

	볼 트위스트
사진	
타켓팅 부위	고관절 내전근, 외복사근, 내복사근
운동 설명	1. 바닥에 누워 무릎을 90도 구부려 허벅지 안에 공을 끼운다. 2. 상체를 고정하고 골반과 무릎을 좌우로 회전시킨다. 3. 단 허리가 바닥에서 떨어지지 않게 배꼽을 당긴다.
주의 사항	〈호흡〉 흡기 : 다리를 원상태로 돌아올 때 호기 : 좌, 우로 다리를 돌릴 때 〈쿨타임〉 1 set 당 1분 휴식으로 번갈아 가면서 한다. 〈횟수〉 12~15회 정도 반복

7 DAY
MOBILITY TRAINING PLAN

요약 가이드

회전동작이 많이 포함된 골프 동작에선 우리의 관절, 근육이 폭 넓게 움직일 수 있는 가동범위를 확보해야한다. 만약 가동성이 제한이 될 경우 우리는 다른 근육의 보상에 의한 부상을 입게 될 것이다.

참고 사항
- 1 set 15 ~ 20개 반복
- 총 3 set 진행

스윙의 안정성을 극대화 시킬 수 있는
가동성 트레이닝 ◀◀◀

골프 스윙은 다방향적인 움직임의 면을 사용하는 운동으로 신체 관절의 대부분이 상호작용하며 최대 운동 범위로 움직여야 한다. 골퍼가 회전 중심축이 일정하지 않거나 척추나 사지 관절의 정렬이 일정하지 않는다면 결국 스윙의 정확성이나 일치성을 가질 수 없다. 골프에서 가동성을 향상시키기 위해서는 스윙을 하는 동안 머리, 척추, 사지 관절의 적절하고 안정적인 정렬이 필수적이다. 이러한 목적을 달성하기 위해서는 밸런스, 안정성과 가동성의 적절한 조합이 요구된다. 골퍼에게 스윙 동작 시 가동성은 골반, 몸통, 어깨 주변부 근육을 통합하는 능력과 일치한다. 따라서 가동성을 향상시키기 위한 운동의 목표는 이러한 근육과 관절을 통합하는 능력을 키우는데 있다. 따라서 골퍼는 골프에 필요한 근력이나 파워를 키우는 것도 중요하지만 우선순위에 따라 더 중요한건 적절한 밸런스, 안정성, 가동성이 먼저 갖추어져야 항상 일관성 있고 정확한 스윙을 할 수 있다. 몇몇 골퍼들은 골프 수행의 증진을 위해 새로운 신발이나 클럽의 외적 요인에 투자하는 경우가 많은데 더 중요한 것은 골프를 위한 몸이 준비되어야 더 좋은 골프 스코어를 기대할 수 있을 것이다.

가동성 운동은 개인의 스케줄에 따라 3가지 프로그램을 선택하여 수행하면 된다. 그러나 가급적이면 가동성 운동에 더 잘 익숙하기 위해서는 주 6회 매일의 프로그램이 추천된다.

가동성 운동을 잘 수행하였다면 골프 능력의 향상뿐만 아니라 골프로 인한 허리 통증이 나 손상을 덜 받을 수 있도록 몸이 준비될 것이다. 그리고 다음 단계인 근력 트레이닝 단계를 진행한다. 골프는 다른 스포츠보다 더욱 정적인 운동으로 가동성이 떨어진다면 좋은 골퍼가 될 수 없을 것이다. 골프가 정적인 운동이기는 하지만 골프 클럽의 회전운동은 야구 방망이를 휘두르는 것 이상으로 역동적인 동작이며 축을 중심으로 하는 통합적 유지 능력 즉 가동성이 필요한 스포츠임에는 틀림없다.

또한 스윙시의 능률은 무거운 웨이트를 들어 올리는 신체 능력보다는 골프 스윙을 하는 동안 특정한 각도와 동작을 만들어내는 능력이 클럽 헤드의 속도에 더 영향을 미친다. 가동성은 골프에서 장타를 치는 데는 물론 정확한 샷과 일관성을 개선하고 손상을 방지하는 데도 핵심적인 역할을 한다. 골프 강습을 받아본 사람이라면 코치가 지시하는 자세로 자기 몸이 따라주지 않는 좌절감을 느껴봤을 것이다. 우리의 신체는 '보상의 신'이기 때문에 우리 몸이 만족하지 못할 근력과 움직일 수 있는 범위가 되지 않는다면 다른 근육을 사용하여 통증을 불러일으킬 것이다.

예를 들어 고관절의 내회전이 되지 않는 골퍼라면 허리를 보상으로 사용하여 샷을 날릴 것이고 그로 인해 허리의 통증을 느끼게 될 것이다. 골프를 잘 하고 싶은 사람들의 목표는 크게 두 가지 일 것이다. 첫째는 연령에 관계없이 부상 없이 골프를 오래 칠 수 있는 능력을 갖는 것. 둘째는 경기 수준의 향상이다. 이 두 가지의 목표를 이루기 위해서는 충분한 가동성의 확장은 선택이 아닌 필수적인 요소이다. 만약 선수가 충분한 노력과 시간을 투자하여 스윙 테크닉에 변화를 주고자 노력하였는데 실패하였다면 여러 가지 원인 중 가장 크게 가동성의 제한이 포함되어 있을 것이다. 골퍼들의 몸을 평가해보면 움직임의 제한이 골퍼가 한 특정한 스윙 변화를 줄 수 없는 것이 흔한 경우이다. 일단 골퍼가 움직임의 제한을 해소한다면 스윙의 변화는 쉽게 이루어질 수 있다. 이 장에서는 골퍼에게 스윙에 요구되는 운동 범위를 개선할 뿐만 아니라 운동 범위 전반적으로 기능적 근력을 증가시키는 운동을 마련하였다.

MOBILITY TRAINING PLAN ◂◂◂

1 DAY 운동 플래닝

다리 벌리고 몸통 회전

사진	
타켓팅 부위	흉추(등뼈)
운동 설명	1. 두 다리를 벌리고 한 손은 어깨 위에 한 손은 늑골에 올린다. 2. 어깨를 뒤로 잡아당겨 가능한 많이 몸 전체를 회전시킨다. 3. 끝 지점에서 30초 머물고 이 때 골반은 중립방향을 유지한다.
주의 사항	〈호흡〉 흡기 : 몸이 원상태로 돌아올 때 호기 : 몸을 회전시킬 때	〈쿨타임〉 1 set 당 1분 휴식으로 번갈아 가면서 한다. 〈횟수〉 12~15회 정도 반복

MOBILITY TRAINING PLAN ◀◀◀
1 day 운동 플래닝

	옆으로 누워서 몸통 회전
사진	
타켓팅 부위	흉추(등뼈)
운동 설명	1. 옆으로 누워서 위쪽 다리를 90도 굴곡 시킨다. 2. 운동하지 않는 손은 머리에 올려놓는다. 3. 다른 한손은 최대한 반대쪽으로 회전시켜 견갑골이 땅에 닿도록 한다. 4. 이때 90도로 구부린 다리는 땅에서 떨어지지 않게 한다.
주의 사항	〈호흡〉 흡기 : 손이 원위치로 돌아올 때 호기 : 손이 반대쪽 방향으로 회전할 때 〈쿨타임〉 1 set 당 1분 휴식으로 번갈아 가면서 한다. 〈횟수〉 12~15회 정도 반복

MOBILITY TRAINING PLAN ◀◀◀

운동 플래닝

캐츠 엔 카우

사진	(위 이미지)
타켓팅 부위	흉추(등뼈)
운동 설명	1. 네발 기기 자세로 서서 팔꿈치는 완전히 펴준다. 2. 골반은 무릎 선과 일치하게 한다. 3. 배를 바닥 쪽으로 최대한 내밀면서 머리는 들어올린다. 4. 다시 배를 최대한 등쪽으로 끌어올리고 허리는 늘려준다. 5. 이때 머리는 바닥쪽을 향해 떨어뜨려준다.
주의 사항	〈호흡〉 발을 올릴때 내쉬고, 발이 원위치로 돌아올때 들이쉰다.	〈쿨타임〉 1 set 당 1분 휴식으로 번갈아 가면서 한다. 〈횟수〉 12~15회 정도 반복

MOBILITY TRAINING PLAN ◀◀◀
2 day 운동 플래닝

	무릎꿇고 몸통 회전
사진	
타켓팅 부위	흉추(등뼈)
운동 설명	1. 무릎을 꿇고 손은 어깨너비만큼 벌려 땅을 짚는다. 2. 한쪽 손은 다른 한쪽 손 안으로 최대한 펴서 넣어준다. 3. 넣은 손으로 몸의 원을 그리듯이 반대편으로 회전시킨다. 4. 이때 허리는 구부러지지 않게 가슴을 들어준다.
주의 사항	〈호흡〉 흡기 : 손을 안으로 넣을 때 호기 : 손을 회전할 때 〈쿨타임〉 1 set 당 1분 휴식으로 번갈아 가면서 한다. 〈횟수〉 12~15회 정도 반복

MOBILITY TRAINING PLAN ◀◀◀
2 day 운동 플래닝

	앉아서 몸통 회전
사진	
타켓팅 부위	흉추(등뼈)
운동 설명	1. 양손을 머리 뒤로 깍지를 끼고 허리를 바르게 세운다. 2. 몸통을 한쪽으로 돌리고 끝지점 시 몸을 측면으로 굴곡 시킨다. 3. 측면 굴곡 후 다시 몸통을 돌려준다. 4. 위와 같은 동작을 3~5번 반복 한다.
주의 사항	〈호흡〉 흡기 : 몸통을 측면으로 굴곡 할 때 호기 : 몸통을 돌릴 때 〈쿨타임〉 1 set 당 1분 휴식으로 번갈아 가면서 한다. 〈횟수〉 12~15회 정도 반복

MOBILITY TRAINING PLAN ◀◀◀

운동 플래닝

	벽에 등 대고 어깨 밀기
사진	
타겟팅 부위	어깨관절, 코어 안정성
운동 설명	1. 허리와 팔꿈치, 팔을 벽에 완전히 붙인 채로 머리위로 들어준다. 2. 팔은 손등이 벽에 붙인채로 위로 최대한 뻗어준다. 3. 팔과 팔꿈치가 벽에 붙인채로 어깨 높이까지 그대로 내려 준다.
주의 사항	〈호흡〉 흡기 : 팔을 내릴 때 호기 : 팔을 올릴 때 〈쿨타임〉 1 set 당 1분 휴식으로 번갈아 가면서 한다. 〈횟수〉 12~15회 정도 반복

MOBILITY TRAINING PLAN ◀◀◀

3 day 운동 플래닝

	옆으로 누워서 팔 360도 돌리기
사진	
타켓팅 부위	어깨관절
운동 설명	1. 골반과 무릎이 90도가 되도록 옆으로 구부려 눕는다. 2. 아래쪽 팔은 고정 한 채 몸 위쪽에 있는 팔을 최대한 뻗어 360도 돌려준다. 3. 이때 골반과 무릎은 고정한다.
주의 사항	〈호흡〉 흡기 : 처음 180도 돌릴 때 호기 : 나머지 180도 돌릴 때 〈쿨타임〉 1 set 당 1분 휴식으로 번갈아 가면서 한다. 〈횟수〉 12~15회 정도 반복

MOBILITY TRAINING PLAN ◀◀◀

4 DAY 운동 플래닝

손 뒤집고 어깨 돌리기

사진	
타켓팅 부위	어깨관절
운동 설명	1. 손을 깍지 끼고 뒤집어 팔꿈치를 최대한 펴준다. 2. 골반은 고정된 상태이고 팔꿈치는 최대한 핀 상태에서 상,하,좌,우로 돌려준다. 3. 이때 힘의 방향은 앞을 향해 밀어줘야한다.
주의 사항	〈호흡〉 흡기 : 팔을 돌리고 돌아올 때 호기 : 팔을 돌릴 때마다 〈쿨타임〉 1 set 당 1분 휴식으로 번갈아 가면서 한다. 〈횟수〉 12~15회 정도 반복

MOBILITY TRAINING PLAN ◀◀◀

5 DAY 운동 플래닝

	케틀벨 할로잉
사진	
타켓팅 부위	어깨관절, 코어 안정성
운동 설명	1. 양발을 벌리고 서서 적당한 무게의 케틀벨을 선택한다 2. 케틀벨을 거꾸로 잡고 최대한 몸통쪽에 밀착한다 3. 머리를 기준으로 원을 그린다 이때 골반은 움직이지 않게 고정한다.
주의 사항	〈호흡〉 흡기 : 케틀벨을 돌릴 때 호기 : 원상태로 돌아왔을 때　　〈쿨타임〉 1 set 당 1분 휴식으로 번갈아 가면서 한다. 〈횟수〉 12~15회 정도 반복

MOBILITY TRAINING PLAN ◀◀◀
5 day 운동 플래닝

	런지 포지션 무릎 밖으로 벌려주기	
사진		
타켓팅 부위	고관절안쪽	
운동 설명	1. 런지 포지션으로 서서 앞쪽 다리의 무릎을 밖으로 벌려준다. 2. 서서히 앞쪽 다리의 엉덩이를 밀고 반대쪽 팔을 땅에 내려놓는다. 3. 앞쪽 다리의 팔로 앞쪽 무릎을 밖으로 밀면서 엉덩이를 앞으로 밀어준다.	
주의 사항	〈호흡〉 흡기,호기 : 자세를 유지하면서 자연스럽게 한다.	〈쿨타임〉 1 set 당 1분 휴식으로 번갈아 가면서 한다. 〈횟수〉 12~15회 정도 반복

MOBILITY TRAINING PLAN ◀◀◀

6 DAY 운동 플래닝

런지 포지션 무릎 안쪽 밀어주기

사진	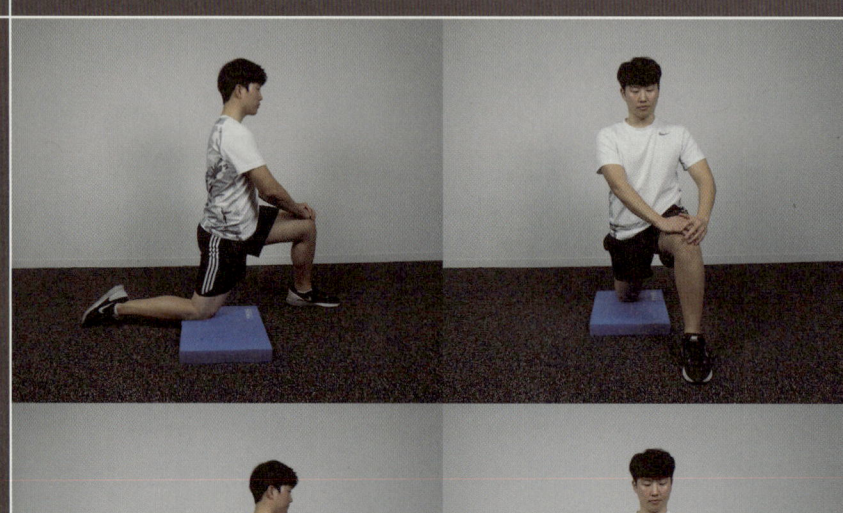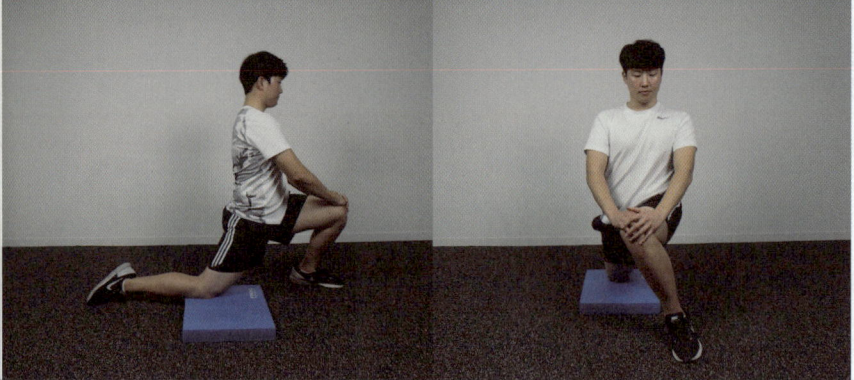
타켓팅 부위	고관절 바깥쪽
운동 설명	1. 런지 포지션으로 서서 앞쪽 다리의 무릎을 안쪽으로 밀어준다. 2. 서서히 앞쪽 다리의 엉덩이를 밀어주고 유지한다. 3. 양손은 무릎을 안쪽으로 계속 밀어준다.
주의 사항	〈호흡〉 흡기,호기 : 자세를 유지하면서 자연스럽게 한다.	〈쿨타임〉 1 set 당 1분 휴식으로 번갈아 가면서 한다. 〈횟수〉 12~15회 정도 반복

MOBILITY TRAINING PLAN ◂◂◂
6 day 운동 플래닝

	누워서 발끝 당기고 무릎 펴기
사진	
타켓팅 부위	고관절, 햄스트링
운동 설명	1. 편안하게 누운상태에서 한쪽 발끝을 당겨준다. 2. 당긴 상태에서 그대로 위로 올려준다. 3. 이때 반대편의 골반이 뜨지 않게 손으로 잘 눌러준다.
주의 사항	〈호흡〉 흡기 : 다리를 구부릴 때 호기 : 다리를 펼 때 〈쿨타임〉 1 set 당 1분 휴식으로 번갈아 가면서 한다. 〈횟수〉 12~15회 정도 반복

MOBILITY TRAINING PLAN ◀◀◀

7 DAY 운동 플래닝

	개구리 자세
사진	
타켓팅 부위	고관절안쪽, 내전근, 엉덩이후면
운동 설명	1. 무릎을 꿇고 앉은상태에서 무릎을 최대한 벌려주고 손은 바닥에 내려 놓는다. 2. 무릎은 벌리 되 발은 모아주고 골반은 뒤로 밀어준다 (골반의 후방경사). 3. 골반의 움직임 없이 엉덩이만 위, 아래로 움직인다.
주의 사항	〈호흡〉 흡기 : 엉덩이를 내릴 때 호기 : 엉덩이를 올릴 때 〈쿨타임〉 1 set 당 1분 휴식으로 번갈아 가면서 한다. 〈횟수〉 12~15회 정도 반복

MOBILITY TRAINING PLAN ◀◀◀
7 day 운동 플래닝

	앉아서 막대 사이에 무릎 밀기
사진	
타켓팅 부위	종아리, 발목 관절
운동 설명	1. 땅 위에 무릎을 꿇고 막대를 발 앞에서 수직으로 잡는다. 2. 막대를 잘 고정하고 발 뒤꿈치를 떨어지지 않게 유지한다. 3. 뒤꿈치를 붙이고 무릎을 앞으로 봉의 좌,우로 민다.
주의 사항	〈호흡〉 흡기 : 무릎을 밀고 돌아올 때 호기 : 무릎을 밀어줄 때	〈쿨타임〉 1 set 당 1분 휴식으로 번갈아 가면서 한다. 〈횟수〉 12~15회 정도 반복

MOBILITY TRAINING PLAN ◀◀◀
7 day 운동 플래닝

	발 벽에 대고 밀어주기
사진	
타켓팅 부위	종아리, 발목 관절, 고관절
운동 설명	1. 한발을 30~40도 경사지게 벽에 기대고, 팔은 벽에 고정한다. 2. 벽쪽에 올린 발 방향의 엉덩이를 앞으로 밀어준다. 3. 이때 허리가 꺾이지 않게 주의한다.
주의 사항	〈호흡〉 흡기 : 발을 앞으로 밀어줄 때 호기 : 원래자세로 돌아올 때	〈쿨타임〉 1 set 당 1분 휴식으로 번갈아 가면서 한다. 〈횟수〉 12~15회 정도 반복

memo

7 DAY POWER WEIGHT TRAINING PLAN

요약 가이드

안정성과 가동성이 확보가 된 상태라면 이제는 웨이트 트레이닝을 통해 파워를 향상시킬 시간이다. 웨이트 트레이닝을 시작하게 된다면 골프채를 잡는 순간 그립에서 힘이 다르게 느껴 질 것이고, 골프공은 목표를 향해 힘차게 날아갈것이다.

참고 사항
- 1 set 15 ~ 20개 반복
- 총 3 set 진행

비거리 향상을 위한 근력 트레이닝 ◀◀◀

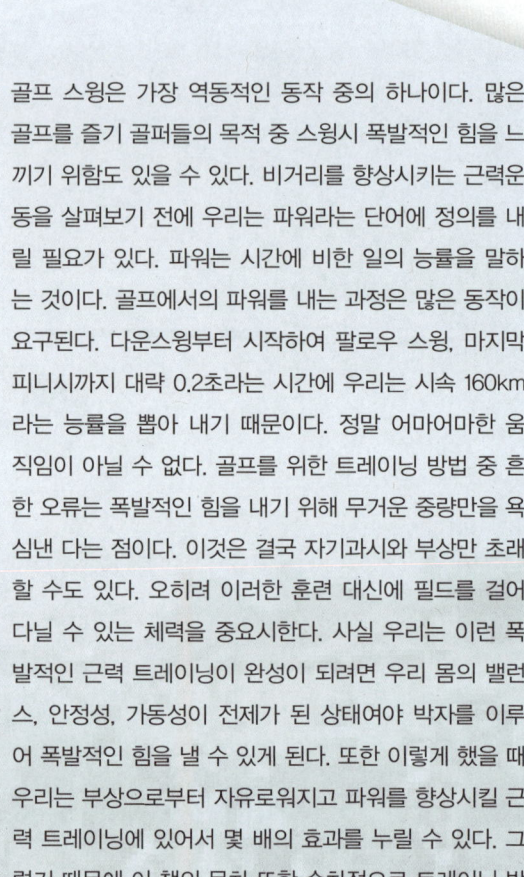

골프 스윙은 가장 역동적인 동작 중의 하나이다. 많은 골프를 즐기 골퍼들의 목적 중 스윙시 폭발적인 힘을 느끼기 위함도 있을 수 있다. 비거리를 향상시키는 근력운동을 살펴보기 전에 우리는 파워라는 단어에 정의를 내릴 필요가 있다. 파워는 시간에 비한 일의 능률을 말하는 것이다. 골프에서의 파워를 내는 과정은 많은 동작이 요구된다. 다운스윙부터 시작하여 팔로우 스윙, 마지막 피니시까지 대략 0.2초라는 시간에 우리는 시속 160km라는 능률을 뽑아 내기 때문이다. 정말 어마어마한 움직임이 아닐 수 없다. 골프를 위한 트레이닝 방법 중 흔한 오류는 폭발적인 힘을 내기 위해 무거운 중량만을 욕심낸다는 점이다. 이것은 결국 자기과시와 부상만 초래할 수도 있다. 오히려 이러한 훈련 대신에 필드를 걸어 다닐 수 있는 체력을 중요시한다. 사실 우리는 이런 폭발적인 근력 트레이닝이 완성이 되려면 우리 몸의 밸런스, 안정성, 가동성이 전제가 된 상태여야 박자를 이루어 폭발적인 힘을 낼 수 있게 된다. 또한 이렇게 했을 때 우리는 부상으로부터 자유로워지고 파워를 향상시킬 근력 트레이닝에 있어서 몇 배의 효과를 누릴 수 있다. 그렇기 때문에 이 책의 목차 또한 순차적으로 트레이닝 방법론에 의거하여 저작되었다. 소도구는 물론 플라이오메트릭(근육의 수축의 속도나 힘을 증가시켜 어려 스포

츠 활동을 위한 폭발성을 제공하는 훈련방법)을 통해 트레이닝 시킬 것이다. 여기서 오해하지 말아야 할 것이 두 가지가 있는데 첫 번째는 단순히 중량을 무겁게 했을 때 우리는 폭발적인 힘을 쓸 수 있는 것이 아니라는 점을 명심해야 할 것이다. 두 번째는 반드시 근육이 우람한 사람이 파워가 세다고 생각하는 것이다. 그 이유는 앞에서 설명하였기 때문에 생략하기로 한다. 많은 골퍼들이 더 멀리 치고 힘 있는 스윙을 하는 것을 꿈꾸고 있다. 따라서 앞의 목차대로 운동을 순서대로 하는 것을 추천한다.

POWER WEIGHT TRAINING PLAN ◀◀◀

1 DAY 근력 운동 플래닝

밴드 좌우이동

사진	(이미지)
타켓팅 부위	중둔근
운동 설명	1. 양 무릎 아래쪽에 밴드를 끼고 선다. 2. 골반은 최대한 움직이지 않게 무릎을 벌리며 천천히 이동한다. 3. 이동 시 다리는 계속 벌림 상태를 유지한다. 4. 최대한 박자를 맞춰서 움직인다.
주의 사항	〈호흡〉 흡기 : 이동하고 멈췄을 때 호기 : 이동할 때 〈쿨타임〉 1 set 당 1분 휴식으로 번갈아 가면서 한다. 〈횟수〉 12~15회 정도 반복

POWER WEIGHT TRAINING PLAN ◀◀◀

1 day 근력 운동 플래닝

	케틀벨 와일드 스쿼트
사진	
타켓팅 부위	대둔근, 내전근, 대퇴사두근
운동 설명	1. 적당한 무게의 케틀벨을 들고, 다리를 어깨 넓이보다 넓게 선다. 2. 배꼽은 당기고 엉덩이를 뒤로 내리면서 앉는다. 3. 대퇴가 지면이 평행할 정도로 몸을 낮춘다.
주의 사항	〈호흡〉 흡기 : 스쿼트 시 내려 갈 때 호기 : 스쿼트 시 올라 갈때 　 〈쿨타임〉 1 set 당 1분 휴식으로 번갈아 가면서 한다. 〈횟수〉 12~15회 정도 반복

POWER WEIGHT TRAINING PLAN ◀◀◀

1 day 운동 플래닝

	숄더 프레스
사진	
타켓팅 부위	삼각근
운동 설명	1. 중량을 선택한 후 덤벨을 잡고 팔꿈치를 90도로 맞춰 올린다. 2. 귀의 위치선을 따라 머리 위로 덤벨을 어깨로 밀어준다. 3. 내려올때는 90도 보다 살짝 아래까지 내려주고 반복한다.
주의 사항	〈호흡〉 흡기 : 중량을 머리 위로 들 때 호기 : 중량을 머리 아래로 내릴 때 · 〈쿨타임〉 1 set 당 1분 휴식으로 번갈아 가면서 한다. 〈횟수〉 12~15회 정도 반복

POWER WEIGHT TRAINING PLAN ◀◀◀

2 DAY 근력 운동 플래닝

바벨 데드리프트

사진	(사진)
타켓팅 부위	척주기립근, 대둔근, 햄스트링, 코어
운동 설명	1. 바벨을 잡고 엉덩이를 먼저 빼면서 무릎 아래까지 구부려준다. 2. 이때 바는 멀리 멀어지지 않고 무릎선을 타고 내려간다. 3. 뒷꿈치에 힘을 주면서 다시 원래자세로 돌아온다.
주의 사항	〈호흡〉 흡기 : 바벨을 들고 내려갈 때 호기 : 바벨을 들고 올라올 때 〈쿨타임〉 1 set 당 1분 휴식으로 번갈아 가면서 한다. 〈횟수〉 12~15회 정도 반복

POWER WEIGHT TRAINING PLAN ◀◀◀
2 day 운동 플래닝

	튜빙 시티드 로우
사진	
타켓팅 부위	중부승모근, 능형근, 하부승모근, 광배근, 코어
운동 설명	1. 짐볼위에 앉고 튜빙을 설치한다. 2. 배꼽을 당긴체로 튜빙을 잡고 어깨를 뒤로 젖히며 당긴다. 3. 이때 어깨가 올라가지 않게 주의한다.
주의 사항	〈호흡〉 흡기 : 팔을 앞으로 밀 때 호기 : 팔을 뒤로 당길 때 〈쿨타임〉 1 set 당 1분 휴식으로 번갈아 가면서 한다. 〈횟수〉 12~15회 정도 반복

POWER WEIGHT TRAINING PLAN ◀◀◀

	런지 로테이션
사진	
타겟팅 부위	내복사근, 외복사근, 광배근, 대둔근, 대퇴사두근, 코어 안정화
운동 설명	1. 한쪽 발을 앞으로 빼고 런지 포지션을 유지한다. 2. 런지 시 앞쪽으로 나간 다리방향으로 몸통을 돌린다. 3. 이때 골반은 중립을 유지하고 상체만 돌린다.
주의 사항	〈호흡〉 흡기 : 런지 시 내려갈때, 몸통을 돌리고 돌아올 때 호기 : 몸통을 돌릴 때, 런지 후 돌아올때	〈쿨타임〉 1 set 당 1분 휴식으로 번갈아 가면서 한다. 〈횟수〉 12~15회 정도 반복

POWER WEIGHT TRAINING PLAN ◀◀◀

3 DAY 근력 운동 플래닝

	T, W, Y, I
사진	
타켓팅 부위	어깨 삼각근
운동 설명	1. 두발은 지면에 지지한체로 복부 밑으로 짐불을 놓는다. 2. 엄지는 위를 향하게 서고 날개뼈를 모으지 않고 어깨 힘을 이용해 팔을 든다. 3. 순서대로 알파벳 T, W, Y, I 자를 만든다.
주의 사항	〈호흡〉 흡기 : 팔을 내릴 때 호기 : 팔을 올릴 때	〈쿨타임〉 1 set 당 1분 휴식으로 번갈아 가면서 한다. 〈횟수〉 12~15회 정도 반복

POWER WEIGHT TRAINING PLAN ◀◀◀
3 day 근력 운동 플래닝

	밴드 이두 컬
사진	
타겟팅 부위	상완이두근, 상완근, 상완요골근
운동 설명	1. 밴드를 잡고 선다. 2. 팔꿈치는 고정한체 서서히 팔 안쪽까지 구부려준다.
주의 사항	〈호흡〉 흡기 : 팔꿈치를 펼 때 호기 : 팔꿈치를 구부릴 때 〈쿨타임〉 1 set 당 1분 휴식으로 번갈아 가면서 한다. 〈횟수〉 12~15회 정도 반복

POWER WEIGHT TRAINING PLAN ◀◀◀

4 DAY 근력 운동 플래닝

	바 풀업
사진	
타켓팅 부위	코어, 광배근, 승모근, 대원근, 소원근
운동 설명	1. 스미스 머신에 바를 배꼽위치 까지 걸어 놓고 등을 대고 눕는다. 2. 바를 어깨 넓이만큼 잡고 매달린다 이때 가슴은 들어준다. 3. 서서히 가슴부터 닿을 수 있도록 팔을 당겨준다. 4. 이때 바를 잡고 올리면서 뒤에 날개뼈는 안으로 모아준다.
주의 사항	〈호흡〉 흡기 : 바닥쪽으로 등이 내려갈 때 호기 : 바 쪽으로 등을 올릴 때 · 〈쿨타임〉 1 set 당 1분 휴식으로 번갈아 가면서 한다. 〈횟수〉 12~15회 정도 반복

POWER WEIGHT TRAINING PLAN ◀◀◀

4 day 근력 운동 플래닝

	박스 바운딩
사진	
타켓팅 부위	대퇴사두근, 대둔근, 중둔근, 내전근
운동 설명	1. 박스 옆에 무릎을 살짝 구부리고 선다. 2. 무릎을 구부린 채로 한발씩 박스를 뛰어 넘어 착지한다. 3. 익숙해지면 속도를 더 높인다.
주의 사항	〈호흡〉 흡기 : 박스를 넘고 착지 할 때 호기 : 박스를 넘어 점프 뛸 때	〈쿨타임〉 1 set 당 1분 휴식으로 번갈아 가면서 한다. 〈횟수〉 12~15회 정도 반복

POWER WEIGHT TRAINING PLAN ◀◀◀

5 DAY 근력 운동 플래닝

	덩키 킥
사진	
타켓팅 부위	코어, 척추기립근, 대둔근, 다열근
운동 설명	1. 네발기기 자세로 선다. 2. 허리가 구부러지지 않게 배꼽을 당기고 한발을 들어올린다. 3. 다리를 아래, 위 반복하되 골반이 좌우로 떨어지지 않게 배의 긴장을 유지한다.
주의 사항	〈호흡〉 흡기 : 다리를 내릴 때 호기 : 다리를 올릴 때 〈쿨타임〉 1 set 당 1분 휴식으로 번갈아 가면서 한다. 〈횟수〉 12~15회 정도 반복

POWER WEIGHT TRAINING PLAN ◀◀◀

5 day 근력 운동 플래닝

	바벨 프론트 스쿼트	
사진		
타켓팅 부위	코어, 대둔근, 햄스트링, 대퇴사두근	
운동 설명	1. 양손을 교차해서 반대쪽 어깨 위에 올려 놓고 사이에 바벨을 놓는다. 2. 앞의 무게중심을 버티기 위해 엉덩이를 빼면서 앉는다. 3. 이때 허리가 구부러지지 않도록 배를 당겨준다.	
주의 사항	〈호흡〉 흡기 : 엉덩이를 빼면서 앉을 때 호기 : 원래 자세로 올라갈 때	〈쿨타임〉 1 set 당 1분 휴식으로 번갈아 가면서 한다. 〈횟수〉 12~15회 정도 반복

POWER WEIGHT TRAINING PLAN ◀◀◀

5 day 운동 플래닝

	보수 볼 스로우	
사진		
타켓팅 부위	코어, 광배근, 대흉근, 삼각근	
운동 설명	1. 공을 들고 보수볼 위에 올라가 무릎을 꿇는다. 2. 균형을 잡기 위해 배를 당기고 허리를 펴고 자세를 유지 한다. 3. 공은 머리 위에서 부터 눈 높이 방향으로 던진다.	
주의 사항	〈호흡〉 흡기 : 공을 잡고 다시 올릴 때 호기 : 공을 앞으로 던질 때	〈쿨타임〉 1 set 당 1분 휴식으로 번갈아 가면서 한다. 〈횟수〉 12~15회 정도 반복

6 DAY 근력 운동 플래닝

짐볼 로테이션 볼 스로우

사진	
타켓팅 부위	코어, 내복사근, 외복사근
운동 설명	1. 공을 갖고 짐볼 위에 등을 기대어 누운다. 2. 하체는 고정하고 상체만 옆으로 돌리면서 공을 던진다. 3. 좌,우 번갈아가면서 시행한다.
주의 사항	〈호흡〉 흡기 : 공을 잡고 다시 올릴 때 호기 : 공을 앞으로 던질 때	〈쿨타임〉 1 set 당 1분 휴식으로 번갈아 가면서 한다. 〈횟수〉 12~15회 정도 반복

POWER WEIGHT TRAINING PLAN ◀◀◀

6 day 운동 플래닝

	케틀벨 프론트 레이즈
사진	
타켓팅 부위	삼각근(전면,측면)
운동 설명	1. 케틀벨을 잡고 두 발을 어깨 높이만큼 벌리고 선다. 2. 케틀벨을 어깨 높이만큼 앞으로 올려준다. 3. 이때 앞으로 몸이 쏠리는걸 방지하기 위해 배에 힘을 준 상태를 유지한다.
주의 사항	〈호흡〉 흡기 : 케틀벨을 잡고 어깨를 내릴 때 호기 : 케틀벨을 잡고 어깨를 올릴 때 〈쿨타임〉 1 set 당 1분 휴식으로 번갈아 가면서 한다. 〈횟수〉 12~15회 정도 반복

	덤벨 오버헤드 런지
사진	
타겟팅 부위	광배근, 코어, 대퇴사두근, 대둔근, 대퇴이두근, 회전근개
운동 설명	1. 덤벨 중량을 선택해서 머리 위로 들고 선다. 2. 덤벨 오버헤드 상태를 유지하고 런지 자세를 취한다. 3. 이때 몸의 안정성이 떨어지지 않도록 배를 등쪽으로 당겨 복부의 긴장을 유지한다.
주의 사항	〈호흡〉 흡기 : 런지 포지션에서 내려갈 때 호기 : 런지 후 원래 자세로 돌아올 때 〈쿨타임〉 1 set 당 1분 휴식으로 번갈아 가면서 한다. 〈횟수〉 12~15회 정도 반복

POWER WEIGHT TRAINING PLAN ◀◀◀

근력 운동 플래닝

	벤치 프레스
사진	
타켓팅 부위	대흉근, 삼두근
운동 설명	1. 어깨 넓이만큼 바를 잡아주고, 바의 균형을 잡는다. 2. 가슴의 높이까지 내려주되 팔꿈치가 어깨 위치보다 높지않게 주의한다. 3. 올릴 때 손으로 미는 느낌보다 팔꿈치로 밀어올린다는 느낌으로 밀어준다. 4. 이때 손목이 꺾이지 않도록 주의한다.
주의 사항	〈호흡〉 흡기 : 바를 내릴 때 호기 : 바를 올릴 때 〈쿨타임〉 1 set 당 1분 휴식으로 번갈아 가면서 한다. 〈횟수〉 12~15회 정도 반복

	밴드 암 풀 다운
사진	
타켓팅 부위	삼각근(후면), 중부승모근, 삼두근
운동 설명	1. 머리 위의 밴드를 잡고, 양발을 어깨 넓이로 선다. 2. 가슴을 살짝 내민 상태에서 몸의 양 옆구리까지 팔을 당겨준다. 3. 주의사항은 목은 움직이지 않고 턱을 당겨준다.
주의 사항	〈호흡〉 흡기 : 밴드가 머리위로 올라 올때 호기 : 밴드를 아래로 내릴 때 　　〈쿨타임〉 1 set 당 1분 휴식으로 번갈아 가면서 한다. 〈횟수〉 12~15회 정도 반복

POWER WEIGHT TRAINING PLAN ◀◀◀

7 day 운동 플래닝

	리버스 크런치
사진	
타겟팅 부위	복직근, 외/내복사근, 코어
운동 설명	1. 바닥에 누워 다리를 구부리고 들어준다. 2. 허리가 땅에서 떨어지지 않도록 복부를 등쪽으로 당기고 긴장을 유지한다. 3. 복부 긴장을 유지한 체로 다리를 가슴높이 까지 들어준다. 4. 서서히 복부의 긴장이 풀리지 않도록 유지하면서 원래자세로 돌아온다.
주의 사항	〈호흡〉 흡기 : 다리를 다시 내릴 때 호기 : 다리를 가슴높이까지 올릴 때 〈쿨타임〉 1 set 당 1분 휴식으로 번갈아 가면서 한다. 〈횟수〉 12~15회 정도 반복

memo

INJURY CONDITIONING TRAINING PLAN

요약 가이드

만약 당신에게 부상이 있다면 이 운동들을 통해 나약해진 근육들을 단련시킬 필요가 있다.

흔하게 다치는 부상의 원인을 바로 알고, 부상 별 통증으로부터 해방할 수 있는 컨디셔닝 프로그램을 소개한다.

참고 사항
- 1 set 15 ~ 20개 반복
- 총 3 set 진행

골프 부상 예방 운동 ◀◀◀

골프를 하면 수많은 부상을 야기할 수 있지만 몇몇 손상은 빈번하게 발생하게 된다. 가장 흔한 손상으로는 허리,어깨,엉덩이이다.부상원인으로는 스윙 속도와 힘이 골프 손상의 원인이 될 수도 있지만 골퍼의 신체 훈련의 부족으로도 인해 손상을 얻을 수 있다. 프로 골퍼들은 골프를 자주 할 수밖에 없기 때문에 부상을 입을 가능성이 높지만 일반 아마추어 골퍼들은 주 2~3회 밖에 골프를 하지 않는데 왜 이렇게 부상을 당하고 몸이 엉망이 되는 것일까? 이유는 바로 골프를 할 신체를 만들어 놓지 않았기 때문일 것이다. 이번 장에서는 골프에서 흔히 일어나는 부상의 종류와 부상을 방지하기 위한 신체운동에 대해 알아보려고 한다. 우선 흔히 일어나는 부상의 종류로는

▶ 요추 염좌 및 허리 좌상
▶ 허리디스크
▶ 목(경추) 염좌
▶ 어깨 충돌 증후군
▶ 손목 건염
▶ 팔꿈치 통증

등이 있다. 먼저 요추 염좌와 허리 좌상은 백스윙 동작에서 비교적 고정되어 있는 하체 위로 허리를 회전할 때 또는 임팩트 순간 뒤땅을 치거나 허리의 꼬임이 풀리면서 요추의 근육과 인대에 과도한 긴장이 유발될 때 생긴다. 또한 팔로우 동작에서 코어 근육의 약화로 인해 허리를 과도하게 전만 시켜 허리에 무리를 주게 된다.

허리디스크는 백스윙 동작에서 구부러진 허리를 회전시킬 때, 임팩트 및 팔로우 동작에서 허리를 돌리면서 펼 때 디스크의 섬유륜이 파열되거나 갈라진 섬유륜을 뚫고 디스크 안의 수핵이 탈출한다. 허리에 긴장된 상태라면 골프백을 들려고 할 때나 홀에서 공을 집을 때 허리를 잘못된 자세로 구부려서 생길 수도 있다.

목(경추) 염좌는 왼쪽 목에 증상이 있는 경우는 오른손잡이 골퍼가 백스윙 시 머리를 고정시킨 상태에서 무리하게 왼쪽 어깨를 오른쪽으로 돌리면서 생기는 것이고, 오른쪽 목이 아픈 경우는 임팩트 순간에 오른쪽 목과 가슴의 근육에 무리한 힘을 줘서 생긴다. 이러한 패턴의 잘못된 스윙을 반복할 시 왼쪽 목의 근육과 어깨 및 견갑골의 근육, 인대 및 어깨 관절에 만성적인 통증을 일으킨다.

어깨 충돌 증후군은 복합적인 원인이 있을 수 있지만 골프에서만 보자면 오른쪽 어깨에 생기는 경우는 백스윙 때 어깨를 무리하게 들면서 생기고, 왼쪽 어깨에 생기는 경우는 팔로우 스로우에서 어깨를 너무 많이 들어 올릴 때 생긴다. 증상은 어깨 위쪽과 앞쪽으로 통증이 있고 어깨 끝부분에 누르면 통증(압통)이 있다. 옆으로 80-130도 구간에서 특히 통증이 심해진다. 잘 때 누웠을 때도 통증으로 어떻게 누워도 편하지 않다.

손목 건염은 백스윙 때 반복적으로 손목이 엄지손가락 방향으로 꺾이면서 왼손 손목에 나타나고 임팩트 순간 뒤땅을 치거나 탑볼 등으로 충격이 심할 때 나타난다. 오른손에 생기는 경우는 백스윙시 반복적으로 손목이 뒤로 꺾이면서 생긴다. 손목을 움직일 때 통증이 있고 뼈의 어긋나는 듯한 느낌을 받는다.

팔꿈치 통증은 손목 및 손가락을 위로 젖히는 근육이 상완이두근 외측 부위에 붙는 부위에 염증이 생기는 것으로 왼팔에 오는 경우는 임팩트 때 무리하게 팔꿈치를 펴는 동작을 할 때 생기고, 오른팔에 오는 경우는 팔로우 스로우에서 오른손을 무리하게 안쪽으로 돌릴 때 나타나게 된다.

부상의 종류와 경로는 다양하지만 골프시 가장 흔한 부상의 종류이고, 이러한 부상을 방지하기 위해서는 우리 몸의 골프를 하기 위한 신체 훈련이 필요하다. 골프에 부상을 방지하기 위해 계획된 컨디셔닝 운동 프로그램은 다른 스포츠 종목의 선수라도 스포츠 손상을 줄여주거나 낮출 수 있다. 만약 이미 스포츠 손상으로 고생하고 있는 골퍼에게서도 골프 부상 방지 컨디셔닝은 손상의 원인을 근본적으로 해결할 수 있도록 도움으로써 다시 정상적인 골프를 즐길 수 있도록 할 것이다.

CONDITIONING TRAINING PLAN ◀◀◀

요추 염좌, 허리 좌상 운동 플래닝

	짐볼 플랭크
사진	
타켓팅 부위	코어 안정화, 척추기립근, 전거근
운동 설명	1. 바닥에 무릎을 꿇고 짐볼 위에 팔을 올려 놓는다. 2. 가슴은 들고 배를 등쪽으로 당겨 짐볼에 압을 가한다. 3. 짐볼을 밀고 배를 당겨 5~10초 동안 유지한다. 4. 세트 수를 늘리면서 유지하는 시간을 늘린다.
주의 사항	〈호흡〉 숨을 참지않고 코로 들이쉬고 입으로 내쉬는 과정을 반복한다. 〈쿨타임〉 1 set 당 1분 휴식으로 번갈아 가면서 한다. 〈횟수〉 12~15회 정도 반복

요추 염좌, 허리 좌상 운동 플래닝

	짐볼위에서 브릿지
사진	
타겟팅 부위	코어 안정화, 척추기립근, 대둔근, 햄스트링
운동 설명	1. 손바닥은 바닥을 향하고, 발은 짐볼 위에 올려 놓는다. 2. 중심잡기가 힘들면 발 대신 종아리를 올려 놓는다. 3. 엉덩이, 어깨 높이, 골반 높이, 발 높이를 일치 시킨다. 4. 엉덩이를 들어준 상태로 3초~5초 사이 머물고 다시 내려 온다.
주의 사항	〈호흡〉 흡기 : 엉덩이를 내리고 돌아올 때 호기 : 엉덩이를 올릴 때	〈쿨타임〉 1 set 당 1분 휴식으로 번갈아 가면서 한다. 〈횟수〉 12~15회 정도 반복

CONDITIONING TRAINING PLAN

요추 염좌, 허리 좌상 운동 플래닝

	플랭크 콘 터치
사진	
타겟팅 부위	코어 안정화
운동 설명	1. 미리 양 옆에 케틀벨을 준비한다. 2. 플랭크 자세를 유지하고 한 손씩 케틀벨을 터치한다. 3. 이때 골반이 기울어지지 않도록 주의하면서 시행한다.
주의 사항	〈호흡〉 숨은 참지말고 코로 들이쉬고, 입으로 내쉬면서 반복해준다. 〈쿨타임〉 1 set 당 1분 휴식으로 번갈아 가면서 한다. 〈횟수〉 12~15회 정도 반복

목(경추) 염좌 운동 플래닝

	턱 당기기
사진	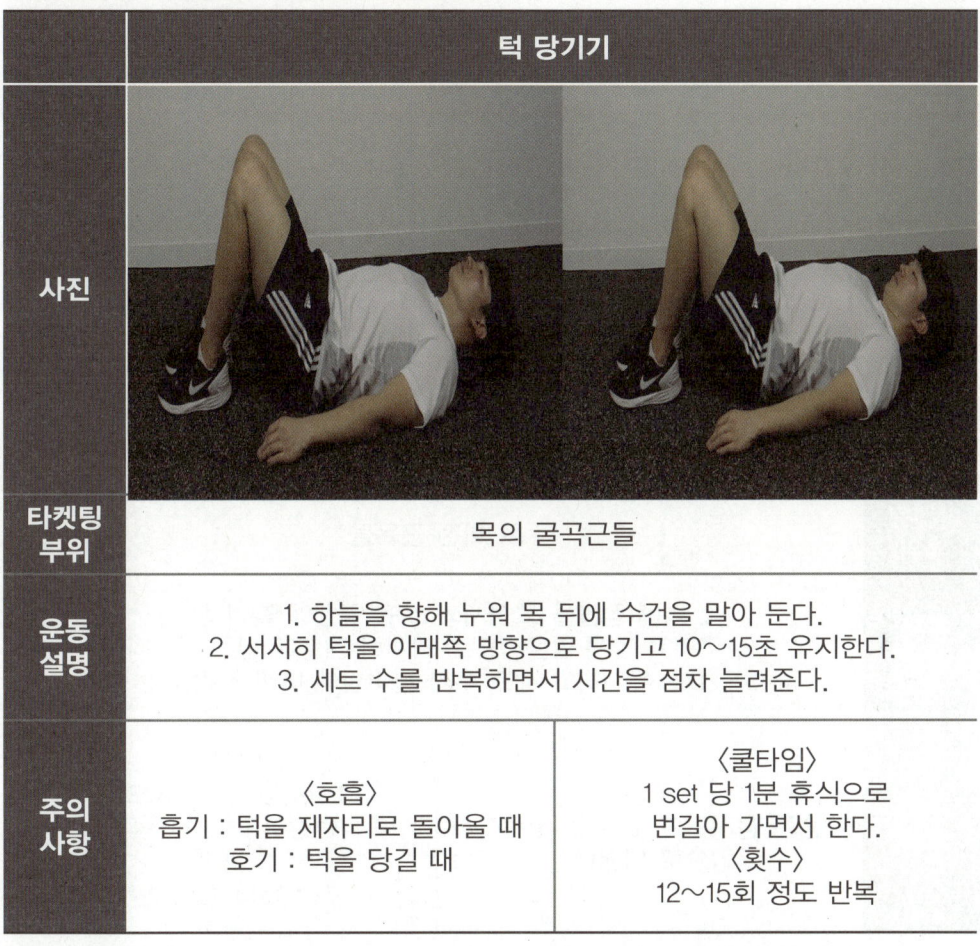
타켓팅 부위	목의 굴곡근들
운동 설명	1. 하늘을 향해 누워 목 뒤에 수건을 말아 둔다. 2. 서서히 턱을 아래쪽 방향으로 당기고 10~15초 유지한다. 3. 세트 수를 반복하면서 시간을 점차 늘려준다.
주의 사항	〈호흡〉 흡기 : 턱을 제자리로 돌아올 때 호기 : 턱을 당길 때 〈쿨타임〉 1 set 당 1분 휴식으로 번갈아 가면서 한다. 〈횟수〉 12~15회 정도 반복

CONDITIONING TRAINING PLAN ◀◀◀

목(경추) 염좌 운동 플래닝

	짐볼 밀기
사진	
타켓팅 부위	목 회전 근육들
운동 설명	1. 벽에 짐볼을 고정시키고 귀 옆선에 붙여 선다. 2. 무리가 가지 않을정도로 서서히 짐볼에 힘을 가한다. 3. 15~20초 유지하고 세트 수가 늘어남에 따라 시간을 늘린다.
주의 사항	〈호흡〉 숨은 참지말고 코로 들이쉬고, 입으로 내쉰다. 〈쿨타임〉 1 set 당 1분 휴식으로 번갈아 가면서 한다. 〈횟수〉 12~15회 정도 반복

어깨 충돌 증후군 운동 플래닝

	스캡션
사진	
타켓팅 부위	극상근, 코어 안정화
운동 설명	1. 벽에 등,엉덩이,목을 최대한 밀착한다. 2. 적당한 중량을 선택한 후, 팔을 30도정도 벌려서 들어올린다. 3. 이때 몸통이 앞으로 나가지 않게 배에 힘을 준다.
주의 사항	〈호흡〉 흡기 : 배에 힘을 주고 팔을 내릴 때 호기 : 배에 힘을 주고 팔을 올릴 때 〈쿨타임〉 1 set 당 1분 휴식으로 번갈아 가면서 한다. 〈횟수〉 12~15회 정도 반복

CONDITIONING TRAINING PLAN ◀◀◀

어깨 충돌 증후군 운동 플래닝

	공 벽에 굴리기
사진	
타켓팅 부위	어깨 내회전/외회전 근육들
운동 설명	1. 테니스공이나 야구공을 이용하여 최소의 압만 가해 벽에 붙인다 2. 시계방향으로 15초 , 반 시계방향으로 15초로 돌려준다 3. 1초 당 리듬을 유지하고 점점 시간을 늘려준다.
주의 사항	〈호흡〉 숨은 참지말고 코로 들이쉬고, 입으로 내쉰다. 〈쿨타임〉 1 set 당 1분 휴식으로 번갈아 가면서 한다. 〈횟수〉 12~15회 정도 반복

어깨 충돌 증후군 운동 플래닝

	벽 밀고 몸통 돌리기
사진	
타켓팅 부위	전거근, 회전근개
운동 설명	1. 손바닥면으로 벽을 향해 밀고 선다. 2. 어깨를 펴고 손바닥을 벽 방향 앞으로 밀어준 상태로 반대 방향으로 몸통을 돌린다. 3. 반대편 손바닥 방향으로 몸통을 돌린다. 4. 상체가 돌아가되, 목만 돌아가지 않게 주의한다.
주의 사항	〈호흡〉 흡기 : 몸통이 원래 상태로 돌아올 때 호기 : 몸통을 돌릴 때 〈쿨타임〉 1 set 당 1분 휴식으로 번갈아 가면서 한다. 〈횟수〉 12~15회 정도 반복

CONDITIONING TRAINING PLAN ◀◀◀

팔꿈치, 손목 좌상 운동 플래닝

사진	손목 웅크리기
타켓팅 부위	심지굴근, 요측수근골근, 천지굴근
운동 설명	1. 팔을 90도로 만들어주고 팔꿈치는 고정한 상태로 주먹을 진다. 2. 주먹을 하늘방향쪽으로 그대로 올려준다. 3. 3초정도 머물고 그대로 내려준다. 4. 이때 덤벨이 힘들다면 주먹안에 동전을 쥐고 하는 것도 좋다.
주의 사항	〈호흡〉 흡기 : 손목을 아래로 내릴 때 호기 : 손목을 위로 올릴 때 〈쿨타임〉 1 set 당 1분 휴식으로 번갈아 가면서 한다. 〈횟수〉 12~15회 정도 반복

팔꿈치, 손목 좌상 운동 플래닝

	손목 업다운
사진	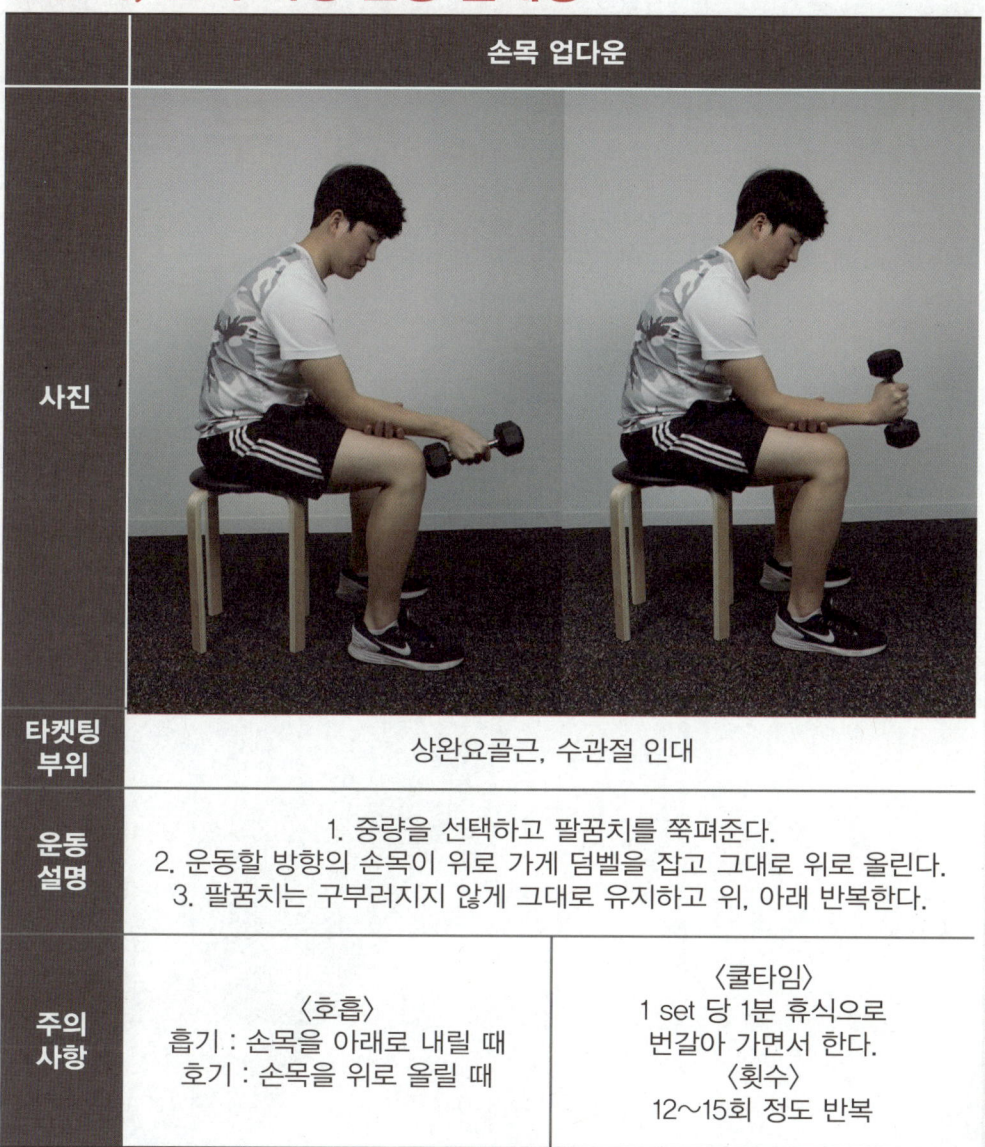
타켓팅 부위	상완요골근, 수관절 인대
운동 설명	1. 중량을 선택하고 팔꿈치를 쭉펴준다. 2. 운동할 방향의 손목이 위로 가게 덤벨을 잡고 그대로 위로 올린다. 3. 팔꿈치는 구부러지지 않게 그대로 유지하고 위, 아래 반복한다.
주의 사항	〈호흡〉 흡기 : 손목을 아래로 내릴 때 호기 : 손목을 위로 올릴 때 　　〈쿨타임〉 1 set 당 1분 휴식으로 번갈아 가면서 한다. 〈횟수〉 12~15회 정도 반복

부록

추천도서 안내

교육안내

협력업체

추천도서 안내

전문가 완성을 위한 필독서

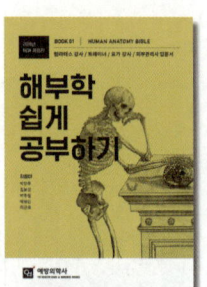

해부학 쉽게 공부하기

박민주 외 4명 지음
예방의학사
12,000원

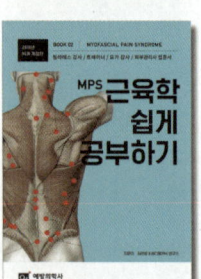

MPS 근육학 쉽게 공부하기

김보성 외 4명 지음
예방의학사
12,000원

자세평가 쉽게 공부하기

백형진 외 3명 지음
예방의학사
15,000원

근막이완 테크닉

백형진 외 9명 지음
예방의학사
15,000원

필라테스 지도자와 교습생을 위한 교과서 1

[재활필라테스 매트]

국제재활코어필라테스협회 지음
예방의학사
45,000원

필라테스 지도자와 교습생을 위한 교과서 2

[재활필라테스 리포머]

국제재활코어필라테스협회 지음
예방의학사
45,000원

필라테스 지도자와 교습생을 위한 교과서 3

[재활필라테스 C.C.B]

국제재활코어필라테스협회 지음
예방의학사
45,000원

PMA-NCPT 합격공식

박상윤 외 명 지음
예방의학사
12,000원

폼롤러 필라테스 교과서
백형진 외 7명 지음
예방의학사
12,000원

토닝볼 필라테스 교과서
이국화 외 14명 지음
예방의학사
15,000원

밴드 필라테스 교과서
양지혜 외 6명 지음
예방의학사
15,000원

아크배럴 필라테스 교과서
이미령 외 13명 지음
예방의학사
15,000원

짐볼 필라테스 교과서
양홍서 외 6명 지음
예방의학사
15,000원

서클링 필라테스 교과서
김춘매 외 11명 지음
예방의학사
15,000원

스파인코렉터 필라테스 교과서
오수지 외 12명 지음
예방의학사
15,000원

스프링보드 필라테스 교과서
박상윤 외 12명 지음
예방의학사
15,000원

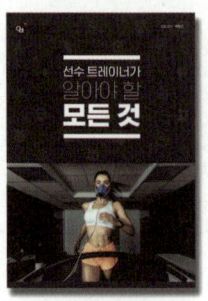

선수 트레이너가
알아야 할 모든 것

백형진 외 54명 지음
예방의학사
15,000원

와두볼 테라피

백형진 외 9명 지음
예방의학사
10,000원

태권도 품새
트레이닝의 교과서

전민우 외 7명 지음
예방의학사
20,000원

소방관을 위한
셀프 통증관리법

박주형 외 9명 지음
예방의학사
12,000원

하이퍼볼트 컨디셔닝 테크닉

백형진 외 7명 지음
예방의학사
10,000원

KAATSU 혈류 조절
가압 트레이닝 가이드

박호연 외 8명 지음
예방의학사
15,000원

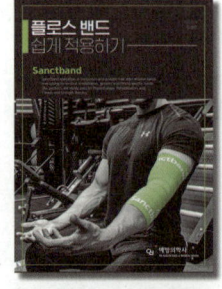

플로스밴드 쉽게 적용하기

김성언 외 7명 지음
예방의학사
15,000원

MPS 1
컨디셔닝 마사지 테크닉

백형진 외 4명 지음
예방의학사
10,000원

프리햅 운동

마이클 로젠가트 지음
백형진 외 10명 옮김
대성의학사
50,000원

오버커밍 그라비티

스티븐 로우 지음
박주형 외 22명 옮김
대성의학사
45,000원

연부조직 관리를 위한 프리햅 운동법

마이클 로젠가트 지음
백형진 외 10명 옮김
대성의학사
16,000원

Miracle EMS 트레이닝 가이드

김경호 외 16명 지음
예방의학사
15,000원

과학적인 근력운동과 보디빌딩

더그 맥거프, 존 리틀 지음
김성언 외 16명 옮김
대성의학사
30,000원

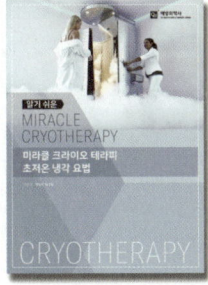

Miracle 크라이오 테라피 초저온 냉각 요법

백형진 외 6명 지음
예방의학사
20,000원

셀프 근막 스트레칭

타케이 히토스 지음
김효철, 백형진 옮김
신흥매드싸이언스
15,000원

교육안내

코어필라테스 / 바디메카닉 / 대한예방운동협회
커리큘럼 안내 Curriculum Structure

본 협회의 커리큘럼의 구조는 크게 5단계로 되어있습니다. 입문, 기초단계, 실전단계, 심화과정, 육성과정의 코스로 교육생의 수준 및 다양한 환경에 맞게 선택적으로 교육과정을 이수할 수 있습니다. 수년간의 교육 과정을 통해 완성된 본 협회의 커리큘럼을 직접 경험해보시길 바랍니다.

육성과정
바디메카닉 전문가 육성과정

5단계 : 통합 육성과정
모든 커리큘럼을 단계별로 학습할 수 있는 7개월 과정입니다.

심화과정
CRS, 자세교정 웨이트, HTS, 프리햅 운동법

4단계 : 심화과정
기능 해부학을 바탕으로한 평가 기반의 동작분석 솔루션을 배우는 단계입니다.

소도구 강좌
- 폼롤러 테라피
- 와두볼 테라피
- 소도구 테라피
- 하이퍼볼트 테라피

실전 테크닉

케이스별 강좌
- 핵심 요통 케이스
- 발 교정 테이핑
- 어깨불균형 케이스
- 거북목분석&시퀀스
- 골반 분석&시퀀스

실전 테크닉

테크닉 개발
- HTS 힐링테이핑
- FST 근막스트레칭
- FMT 움직임 평가

실전 테크닉

케이스별 강좌2
- 골프 필라테스
- 근막경선 필라테스
- 필라테스 동작분석
- 둔근 시퀀스

실전 테크닉

3단계 : 실전 테크닉
현장에서 즉시 적용 가능한 테크닉을 배우는 단계입니다.

기초 다지기
필라테스 지도자과정 / 자세평가 동작분석 / 쌩기초 해부학 / 첫걸음 해부학
초보강사를 위한 스타터 시퀀스(기구별) / 해부학 프리햅 노트 /
해부학 쉽게 공부하기 저자특강 / 근육학 쉽게 공부하기 저자 특강

2단계 : 기초 다지기
초보 필라테스 강사에게 필요한 핵심적인 해부학 지식을 전달하는 과정입니다.

입문
트레이너의 방향성

1단계 : 입문
처음 시작하는 강사들이 필라테스의 이해도를 높일 수 있는 과정입니다.

www.cafe.naver.com/prehablab

재활·운동예방연구소 소개

재활예방운동연구소는 국내 및 해외의 건강 관련 컨텐츠를 모아 통계, 분석하는 연구기관입니다.

더불어 국내외로 활발한 교육활동을 하는 교육기관이며, 건강 관련 분야의 종사자들에게 최신 연구자료들로 엄선된 컨텐츠를 제공하고 있습니다.

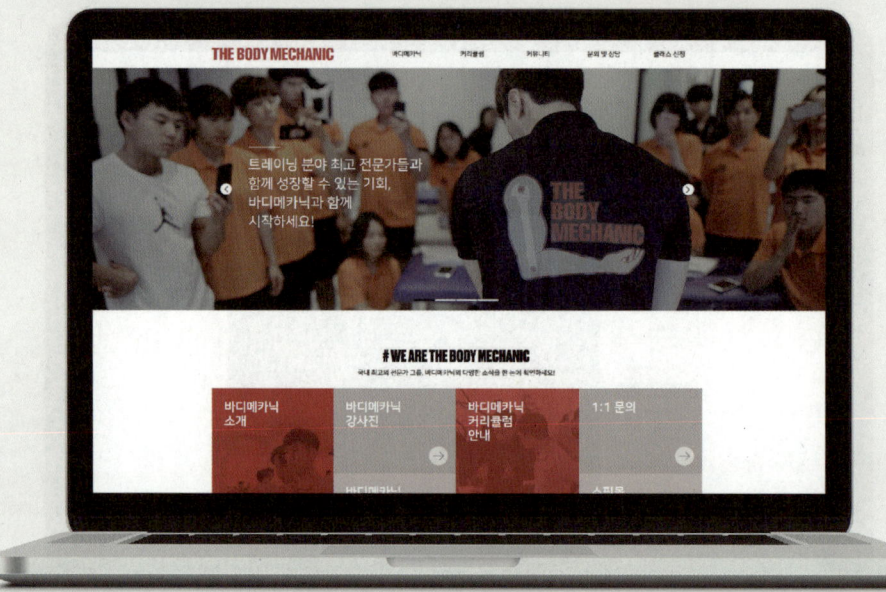

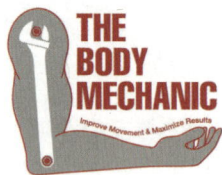

바디메카닉 소개

바디메카닉은 단순한 트레이닝을 교육하는 곳이 아닌 재활, 컨디셔닝, 체형에 최적화된 트레이닝을 지도하는 차별화된 교육기관입니다.

국내 최고의 트레이닝 전문가인 바디메카닉은 국가대표, 실업팀 선수 트레이닝뿐만 아니라 LG, 현대, 삼성 등 대기업을 대상으로 웰니스 강연을 매년 진행 중입니다.

오랜 시간 쌓아온 경험들을 토대로 체계적이고 과학적인 트레이닝 시스템을 구축하여 교육하고 있습니다.

www.corepilates.kr

코어필라테스 소개

코어필라테스는 단순한 기구 사용법 교육이 아닌
운동, 재활, 체형에 대한 탄탄한 이론적 지식을 바탕으로 현장에서의
탁월한 지도능력을 갖춘 전문 강사를 양성하고 있습니다.

오랜 시간 현업에서 느낀 아쉬움을 보완하여 보다 체계적인
러닝 시스템(Learning System)을 구축하였습니다.

협력업체

Hermo
BEAUTY & ESTHETIC

BRAND STORY »»
에르모, 시작부터 다르다.

예방운동 / 의학 / 뷰티매니저 / 헬스케어 전문가가 모여
전문적인 뷰티&에스테틱 브랜드 에르모가 탄생했습니다.

하나부터 열까지 전문가가 직접 만든 에르모만의
프로그램은 건강과 아름다움을 책임집니다.

Hermo Spirit »»

에르모는
당신의 건강과 아름다움을 위해 태어났습니다

에르모는 근본적인 건강과 아름다움을
최고의 가치로 여깁니다. 체계적인 관리 프로그램과
온전한 휴식 시간을 확보해 고객님의 건강과
아름다움을 지켜나가겠습니다.

몸의 온도가 극저온이 되면 몸은 스스로 열을 내기 위해
몸속 갈색지방을 통해 축적된 백색 지방을 연소시킵니다.
이 과정에서
단 3분만에 무료 800kcal 소모 가 가능합니다.
이는 런닝머신을 3시간동안 타야만 소모되는
칼로리와 맞먹습니다.

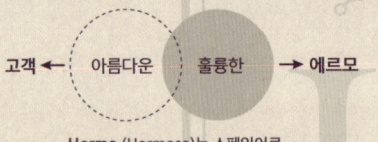

고객 ← 아름다운 · 훌륭한 → 에르모

Hermo (Hermosa)는 스페인어로
'아름다운, 훌륭한' 의 의미를 지니고 있습니다.

" 크라이오 테라피는
단, 3분이면 가능합니다. "

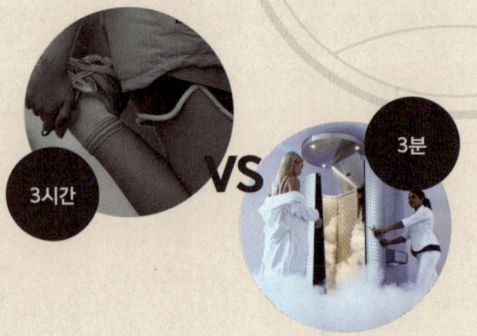

3시간 VS 3분

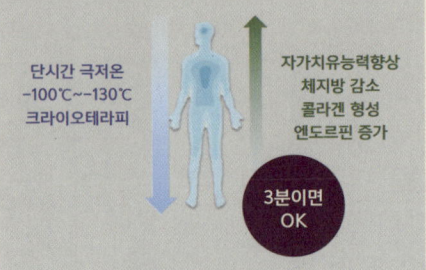

단시간 극저온
-100℃~-130℃
크라이오테라피

자가치유능력향상
체지방 감소
콜라겐 형성
엔도르핀 증가

3분이면
OK

" 크라이오 테라피는 "
효과가 입증된 치료요법 입니다.

1. 크라이오테라피의 어원은 그리스어로 cryo[차가움] + teraphy[치료] 입니다.
크라이오테라피는 이미 1970년대 말부터 러시아, 일본 등에서
그 효과가 입증된 치료 요법 중 하나입니다.

2. 기체 질소를 이용해 온도를 -100C ~ -130C까지 떨어뜨려
신체의 온도를 단시간 극저온으로 낮추어 **신체의 자가치유능력을 향상시켜
치료와 건강개선에 도움**을 줍니다.

3. 이미 1970년대말부터 일본, 러시아, 미국, 영국, 프랑스 등에서
연구되어온 치료 요법으로 현재 해외에서는
건강은 물론 미용을 위한 요법 목적으로 널리 활용되고 있습니다.

다이어트만? NO! 크라이오테라피
3분의 기적을 체험하세요!

콜라겐 형성 + 피부 진정 효과
푸석한 피부, 아토피, 건선
크라이오 테라피는 피부의 콜라겐 형성에 도움을 주어 탄력있는
피부를 만들고 건선과 아토피 증상 완화에 도움을 줍니다.

엔도르핀 촉진 + 피로회복
스트레스, 불면증, 피로, 무기력증
단시간 극 저온으로 진행되는 냉각요법은 신경계를 자극해
체내 엔도르핀을 활성화시켜 염증과 통증 완화와 더불어
일상에서 축적된 피로에 대한 회복감을 느끼는데 도움을 줍니다.

자가 치유 능력 + 운동 능력 향상
뻐근한 근육, 관절통증
극저온 냉각 요법은 몸의 혈액 순환의 속도를 획기적으로 높여
체내에 축적된 피로물질 배출에 도움을 주고 이를 통한 체력 회복과
운동 수행 능력 향상에 효과적 입니다.

““Q&A
크라이오, 이것이 궁금하다

정말 다이어트에 효과가 있나요?
신체 온도가 급격히 내려가면 몸은 스스로 열을 내기 위해 체내의 지방을
태우게 됩니다. (갈색지방이 백색지방을 연소시키는 작용) 이 과정에서
체지방 감소와 신경, 피부세포, 근육, 골격계의 자가 치유 능력이 향상됩니다.

다이어트에만 효과가 있나요?
다이어트와 셀룰라이트 개선 효과는 물론 콜라겐 형성에 도움을 주어 피부
진정에 효과가 있습니다. 통증 개선과 엔돌핀 분비를 촉진해 우울감과
무기력감 해소, 불면증에도 효과가 있어 운동선수는 물론 컨디션 관리가
중요한 분들이 애용하고 있습니다.

어느 정도 받아야 효과가 있나요?
개인의 몸 상태에 따라 다르지만 대체로 최소 8주 동안 정기적으로 20회 이상
받았을 경우 확실한 변화를 느낄 수 있습니다. 기초 대사량을 높이고 싶으시
다면(백색지방이 갈색지방화 되는과정) 3개월 동안 꾸준히 크라이오테라피를
관리 받으시는걸 추천드립니다.

감기에 걸리진 않을까요?
걱정하지 않으셔도 됩니다. 극저온에 일시적으로 체온이 내려갈 뿐 시술 후
에는 금방 체온을 회복합니다.

www.hermobeauty.com

플린스튜디오
필라테스 감성 바디프로필 전문 스튜디오

Beyong the Perfection
완벽함을 넘어서는 아름다움을 찾는 곳

Studio FLYN

플린스튜디오는 Color horizon과 Special Concept, Pilates Concept
3가지 라인으로 구성된 **바디프로필 전문스튜디오** 입니다.

모델의 **'아이덴티티'**에 맞게 배경, 의상, 시선, 표정, 포징, 조명을
개별적으로 구성하고 완벽하게 조율하는 촬영스타일을 추구합니다.
플린 스튜디오와 함께 바디프로필 전문가가 구현하는
고감도의 이미지와 **새로운 이미지**의 '나'를 만나보세요.

플린스튜디오
필라테스 감성 바디프로필 전문 스튜디오

Beyong the Perfection
완벽함을 넘어서는 아름다움을 찾는 곳

Studio FLYN

3개의 핵심 컨셉과 8개의 세부 컨셉으로 구성되어,
모델에게 적합한 다양한 연출과 컨셉 초이스가 가능합니다.

찾아오시는 길 >

서울 마포구 서교동 451-38, 지하2층

카카오 플러스 >   **인스타그램 >**

 flyn_studio   flyn_studio

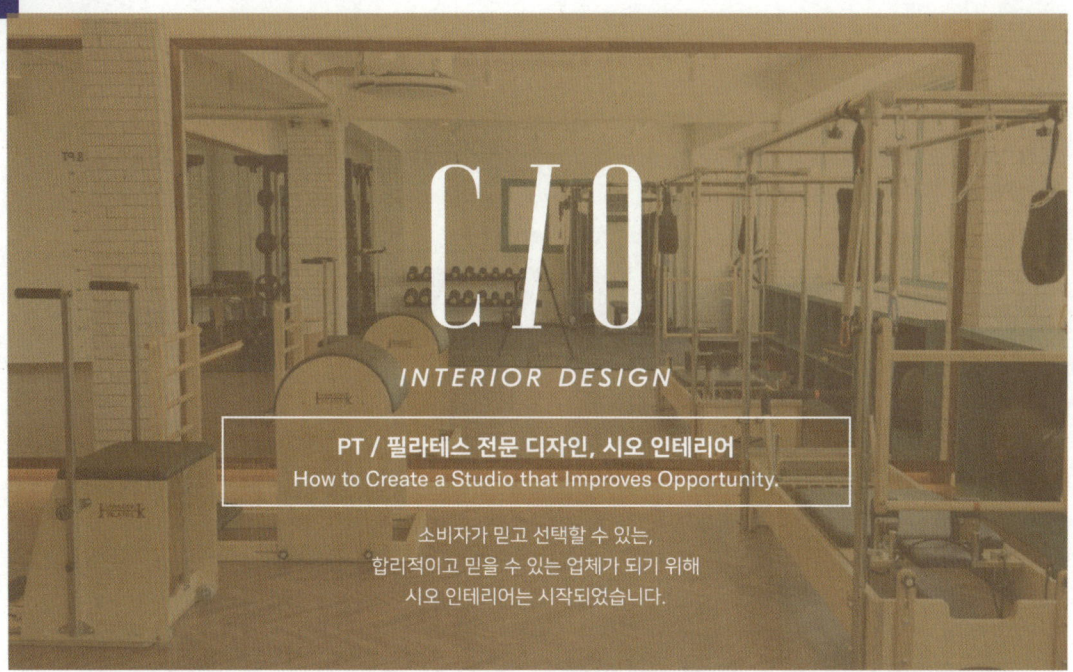

C/O
INTERIOR DESIGN

PT / 필라테스 전문 디자인, 시오 인테리어
How to Create a Studio that Improves Opportunity.

소비자가 믿고 선택할 수 있는,
합리적이고 믿을 수 있는 업체가 되기 위해
시오 인테리어는 시작되었습니다.

Our Story

01. 센터 전문 디자인의 **시작은 컨설팅부터.**

시오의 프로젝트는 '임대계약 전 단계'부터 시작됩니다. 상권의 특성과 접근성을 고려하고, 임대공간의 컨디션을 체크하고, 인테리어 파트에서의 제한점과 중점사항을 끊임없이 고객과 나누며, 최상의 공간을 임대하실 수 있도록 보조합니다.

02. 필라테스, 피트니스 전문가의 **합리적인 공간 설정.**

시오는 피트니스&필라테스 전문 회사입니다. 평수와 운영시스템, 동선, 근무하시는 선생님 수에 따라 유산소/샤워실/기구공간/휴식공간/상담 공간을 배치하고 분배합니다. 인테리어 전문가가 아닌, 피트니스&필라테스 전문가로써의 시선은 시오인테리어만의 장점입니다.

03. **정직하고 투명한** 견적서.

시오의 견적서는 투명하고 정확합니다. 터무니 없이 저렴한 견적서와 공사 내용의 정확하게 보이지 않는, 혹은 비전문가가 보기에 너무 어려운 견적서가 아닌, 사업주가 한눈에 확인하고 점검할 수 있는 견적서를 제공합니다.

04. 오픈 센터에 필요한 부분을 **한 번에!**

시오는 다양한 비즈니스 파트너를 통해, 센터 오픈에 필요한 다양한 사업 네트워크를 확보하고 있습니다. 전단지와 웹사이트 현수막등은 물론, 광고영상-이미지 전문 파트너, 컨설팅 및 홍보마케팅 전문 파트너등 사업주가 어려움을 겪을 수 있는 모든 부분에서 탄탄하고 체계적인 솔루션을 제공합니다.

C/O INTERIOR DESIGN

About us

시오는 디자인팀 & 시공팀 & 피트니스-필라테스 컨설팅팀 이 3개의 팀이 하나의 몸처럼 협업하여 디자인을 창조합니다. 각 분야에 최적화 된 3개의 팀은 각자의 필드에서 최고 역량을 발휘하며, 동료들과 빛나는 co-work을 보여줍니다. 유산소 공간을 만드는 작은 선택에도, 회원들의 동선과 일조량, 뷰포인트, 전체공간대비 효율성을 따지며, 신발장의 수납 갯수 조차도 허투로 정하지 않습니다. 열정적이고, 전문적인 3개의 팀으로 구성된 시오인테리어는 이제 막 새로운 사업을 시작하려는 여러분에게 최고의 선택이 될 것 입니다.

에르모(Hermo) 가산점   2019년 6월 완공.

BM필라테스 문래점   2019년 5월 완공.

스포츠 교육기관 Jin & Company Inc.
전문가 소개

손진원 회계사

주요 경력
- 자격사항: 공인회계사
- 학력: 경희대학교 스포츠의학과 졸업
- 前 사격 국가대표 상비군
- 前 Deloitte 안진회계법인
- 現 ㈜ 진엔컴퍼니 대표이사
- 現 서울시 민간위탁 심의위원

김진규 세무사

주요 경력
- 자격사항: 세무사
- 학력: 경북대학교 졸업
- 現 지인세무회계 대표 세무사
- 現 중소벤처기업부 비즈니스 지원단 자문위원
- 現 네이버 지식인 세무사
- 現 (사) 아시아모델협회 세무 고문

면세전환부터 One-Stop Service
세금 및 교육원 관리까지 한번에!

| 1 사업성 분석 | 2 교육기관 신고 | 3 사후관리 |

세부단계 수행

| 1 사전 컨설팅 | 2 평생교육기관 신고 | 3 사후 관리 |

- 건축물 대장 검토
- 과거 세무 신고내역 검토
- 면세 전환 필요성 여부 검토
- 담당 직원의 사전 상담
- 공인회계사, 세무사의 상담

- 사전 등록사항 점검
- 평생교육사 배치 지원
- **학원법 및 평생교육법에 따른 평생교육시설 설치**
- 민간자격등록신청 상담

- **평생교육사 배치 지원**
- 교육 기관 유지 관련 지원
- **스포츠교육기관 전문 기장 및 세무 상담**
- 세무 및 경영 정보 공유

Q&A

01. 믿을 수 있는 업체인가요?

당사는 스포츠교육기관 전문 **공인회계사**와 **세무사**가 법률적인 검토부터 세무 대리까지 전문적인 서비스를 제공합니다. 당사는 네이버 스마트 스토어 레슨과 공식 제휴를 맺었으며, **대한체육회** 산하 협회들과 협약을 체결했습니다. 또한, 대표 공인회계사는 **경희대학교 체육대학**을 졸업하고, **사격 선수로서 청소년대표**로 활동하는 등 스포츠 교육 전문가로서 업계에 대한 높은 이해와 전문성을 자랑합니다.

02. 합법적인 서비스 인가요?

네, 맞습니다. 일정한 요건을 갖춘 경우 **평생교육원**으로서 교육청 인가를 받을 수 있으며, 평생교육원에서 제공하는 교육용역은 **부가가치세법상 면세**에 해당합니다. 사전 진단을 통해 요건을 갖추지 못한 경우에는 면세 전환이 불가능하며, 당사는 불법적인 서비스를 제공하지 않습니다.

03. 계약 후 면세 전환이 안되면 환불이 되나요?

계약 후, 면세 전환이 안되는 경우 지급하신 계약금 및 착수금은 **100% 환불해 드립니다**. 다만, 대표님의 사정에 의해 계약을 취소하는 경우에는 환불이 불가능합니다.

04. 사후관리는 어떻게 이루어 지나요?

당사는 평생교육원 설립부터 유지까지 평생교육사 배치를 지원해 드리며, 언론기관 업무를 매월 대행 해 드립니다. 또한, 대표님이 원하시는 경우 **지인세무회계**를 통한 스포츠교육기관 전문 기장 및 세무 서비스를 제공 해 드립니다.

- 세계최초, 유일의 체지방 측정 기능
- 세계최초, 유일의 Multi Bluetooth 기능
- 국내최초, 안드로이드 OS 탑재
- 대형 23인치 LED Full HD TV 모니터
- ANT+방식의 심박 웨어러블자동연결 기능
- USB적용, 스마트정지기능, 미러링 기능

유산소 운동의 장점

유산소 운동은 심장과 폐를 튼튼하게 해주며, 지방연소로 체지방 감고, 스트레스 해소 및 성인병 예방과 치료에도 도움이 됩니다.

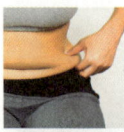

체지방 감소 체내 축척되어 있는 지방을 연소시켜 군살을 빼줌으로써, 건강하고 아름다운 라인을 가질 수 있습니다. 최초 20~25분은 탄수 화물이 연소되며, 지방이 연소되는 시점은 운동 후 20~30분 이후입니다.

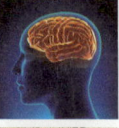

두뇌발달, 학습증진, 업무성과 UP 하버드 메디컬스쿨의 존 레이티에 의하면, 유산소 운동은 뇌기능 향상에 필요한 호르몬의 분비를 증가시켜 준다로 합니다. 기억력을 증진시키는 세로토닉, 집중력에 도움이 되는 도파민, 지각능력에 영향을 주는 노르에피네프린 등이 유산소 운동과 함께 분비가 되어 두뇌발달 및 학습증진과 업무성과를 높이는데 도움이 됩니다.

스트레스 해소 적당량의 유산소 운동은 엔도르핀 분비를 촉진시켜 기분을 좋아지게 하고 스트레스 해소에 도움을 줍니다.

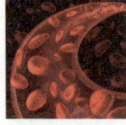

성인병 예방및 치료 반복되는 유산소 운동은 심장의 용적을 늘려주고, 혈관을 깨끗하게 하며, 혈당을 떨어뜨려 심혈관 질환, 당뇨병, 고지혈증 등 성인병 예방 및 치료에 도움이 됩니다.

㈜헬스원 본사 / 공장 경기도 고양시 일산서구 산남로 132 Tel : (031) 949_8010 E-mail : ceo@ehealth-one.com

운동정보 모니터링 시스템
HERA Fit ON

ANT+ 방식의 웨어러블 심박기기 착용 헬스원 HERA-Fit+ → ANT+ 리시버 ANT+로 전송된 심박신호를 수신함 → 서버 PC 헤라핏 온 시스템 운용, 데이터 축적 관리 → 태블릿 PC 트레이너 및 관리자용 운동프로그램을 실행

심박수 & 활동 측정기

헤라핏+ 실시간 심박수 측정이 가능한 스마트 손목 밴드 헤라핏은 헬스원의 스마트 트레드밀/바이크와 연동하여 동작음이 제거된 특허 기술로 오류없이 정확한 실시간 측정이 가능합니다. 실시간 심박수 측정을 통한 맞춤형 운동 프로그램을 실행할수 있으며 스마트폰 앱을 사용하여 다양한 운동 및 수면분석 기능은 물론 휴대폰 알림 가능까지 사용한 최신형 스마트 웨어러블 기기입니다.

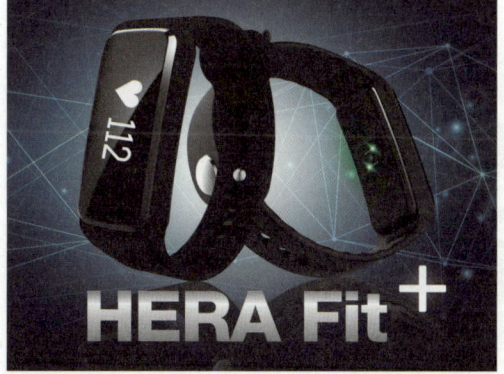

(주)헬스원 본사 / 공장 경기도 고양시 일산서구 산남로 132 Tel : (031) 949_8010 E-mail : ceo@ehealth-one.com

HERA
TREADMILLS
CARDIO BIKE

유산소 운동을 위한 최고의 선택,
헬스원 HERA 트레드밀, 바이크, 멀티트레이너

HERA-9000 Android

HERA-9000

HERA-9000 PRO

HERA-8000

HERA-7000T

HERA-7000

HUB / HRB - 700 Android

HUB / HRB - 700S

HMT-700
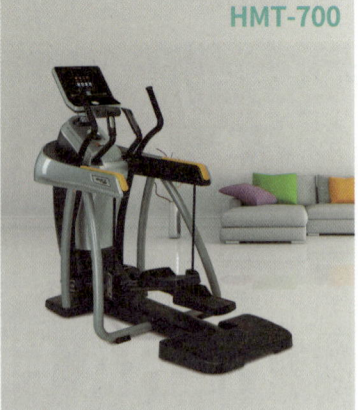

㈜헬스원 본사 / 공장 경기도 고양시 일산서구 산남로 132 Tel : (031) 949_8010 E-mail : ceo@ehealth-one.com

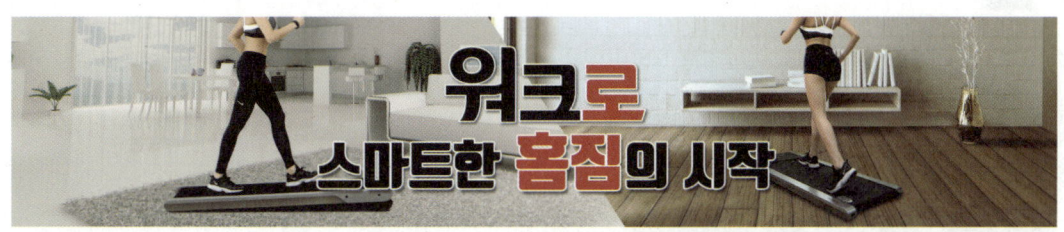

워크로
스마트한 홈짐의 시작

· 무선 리모컨

특허 제 10-1800323호
(2017. 11. 16등록)

2017 우수디자인
중소벤처기업부장관상!

WalkRo
국내생산 Premium 워.킹.머.신.

세계 최초 스마트폰 앱 구동 방식
워크로 전용 스마트폰 앱을 통해 다양한 운동 프로그램 제공
운동정보 SNS, PC로 공유할 수 있는 토탈 헬스케어 시스템

슬림/컴팩트/심플한 디자인
완전 평면 일체형 설계로 공간의 제약없이 실외에서 걷는 느낌구현
2017 GOOD DESIGN 중소벤처기업부 장관상수상

시계 최초 신소재 마그네슘 합금
무용접 프레임 적용
철보다 4배이상 가벼운 소재로 여성 혼자 이동 및 보관가능
진동 흡수에 뛰어난 소재로 층간 소음을 획기적으로 줄임

강력한 파워와 안전한 설계
2단 동력 전달 장치 적용으로 500시간 연속사용 가능
평평한 전면부 모터 커버 설계로 편안하고 안전한 워킹

워크로 전용앱

워크로와 블루투스 연동
워크로 작동 (리모컨 기능)
운동결과 저장 및 SNS로 전송

WalkRo

유산소 운동 등 목표 운동

HERA Fit +

심박수 측정을 통한
개인별 맞춤운동

(주)헬스원 본사 / 공장 경기도 고양시 일산서구 산남로 132 Tel : (031) 949_8010 E-mail : ceo@ehealth-one.com

REXY

필라테스 요가

양면 넌슬립

TECHNOLOGY

러르베 맥스그립 요가 삭스
LARVE MAX GRIP YOGA SOCKS

프리마 맥스그립 요가 삭스
PRIMA MAX GRIP YOGA SOCKS

LARVE MAX GRIP YOGA SOCKS

러르베 맥스그립 요가 삭스

양면 넌슬립
양말과 바닥 사이의
밀림 현상을 방지하여
접지력을 극대화

고밀도 면 원사
땀 흡수가 잘되는 면 소재
2배 이상의 고밀도 원사

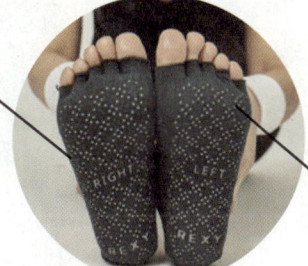

수작업 핸드링킹
전문 기술자가 수작업으로
이어 붙이는 심리스 핸드링킹

우수한 통기성
발가락과 발등이 오픈된 디자인으로
편안함과 뛰어난 통기성

REXY

제품구입 제품문의 | **02-3488-4187**
www.rexysport.com